用文字照亮每个人的精神夜空

乡土重建

费孝通——著

经典作品集

费孝通

湖南人民出版社 ·长沙·

目 录

总序

一个重读费孝通时代的开启

赵旭东[1]

2021年11月2日是中国著名的社会学家、人类学家和民族学家费孝通先生诞辰一百一十一周年的日子，作为一种纪念，也作为一种学术的传承，我们特别编订了这套八种十二卷的“费孝通文存”出版，以飨读者。编书也是读书，编过之后，总会留下那么一丝印记，这便是写在这里的有似蜻蜓点水一般的读书心得，并以此作为将来深入研究费孝通思想的引子。如能因

① 中国人民大学社会与人口学院教授、博士生导师，人类学研究所所长。

此引起同好的批评，那也是一件很让人快乐之事。

· 选书缘由

在有着书写能力的文人传统中，有独特的文人纪念的方式。在我的心目中，我一直是将老师费孝通首先看成一位中国文化传统中的能书写的文人，其次才是一位做研究的学者，最后则可谓是一位真正有着基层社会关注的社会活动家。他的思考来自他四面八方“行行重行行”的行走，而他思想的精髓则见之于他一篇篇的文字书写。

对于费孝通先生诞辰一百一十一周年的纪念，我们实际上很早就在筹划着，包括一直在编着的先生年谱长编。这中间我曾经尝试着和出版社的朋友进行沟通，并一起详细讨论了出版这套文存的初衷、构想和规划，没想到一拍即合，默而认同。大家随后便在一起合作，从选书到选版本，前后一年左右的时间，最后选定了八种十二卷，由湖南人民出版社出版。

这些专门为着纪念而选出来的文字，在费孝通一生的作品总目中，既有很著名的、有代表性的著作，比如《乡土中国》《江村经济》《生育制度》以及《乡土重建》，也有那些似乎不那么著名的，或者不那么具有特别代表性的，比如说《美国与美国人》《重访英伦》《社会调查自白》以及杂写五种的《杂写甲集》《杂写乙集》《杂写丙集》《杂写丁集》和《杂写戊集》。将这些编订成一套文存，最为朴素的初衷就是，试图以此作为对这样一位一生以“一介书生”自居的世纪文人的独特的纪念。

当然，在我的观念中，费孝通的这些作品都可谓是著名的，并且必然都是具有某种代表性的，很难专门有一种所谓学科史意义上的那种刻意地去做出著名与否以及代表性与否的一分为二的划分。即便是对一个普通人而言，非黑即白的评判也是会失之偏颇的，更别说对一个真正的有思想的文人以及有知识和品位追求的大学者了，这样一种人为的区分，很显然是一件极为荒诞也无意义的事情。

自然可以想见，作为思想家的费孝通，他自己绝对不会有分身术一般的能力，将他一部分灵魂和精力，去写所谓著名的和有代表性的作品，而分出另外一部分灵魂和精力，去写非著名的和没有代表性的作品，这显而易见是一种不大合逻辑，甚至多少有些不近人情的武断的划分。而反过来却又可以说，费孝通有生之年所写下来的这每一个字，实际上都代表了费孝通思想的某一个方面，可谓是他完整人生的一部分，也是人们可以借之去洞悉费孝通思想的根本和全部的。

· 费孝通的思想

单就费孝通的思想本身而言，它实际上真正标定了一个时代的存在，并无形之中映射出来那个时代人的一种精神气质。他用一种人类学的田野工作、社会学的实地调查以及民族学的跨文化比较研究，进一步充实了他对于个人、社会与文化思想的理解。甚至还可以说，他一生的书写，真正完整地体现出了中国文人传统之中独有的文以载道的“公器”观念，从日复一日的文字书写之中，他的思想和个人知识的发现，也必然因此而得到最为广泛的传播。而费孝通文字的魅力，恰在于最为真切直接地去关注现实中国本身的实际存在样貌。他从来没有以学问的深奥来将自己隔离于大众群体的生活现实之外。他从始至终都在强调一种平民路线，强调基层精英与大众生活之间的无距离的沟通联系，因此才会有他的“从实求知”以及“志在富民”观念的提出。

在这里，很显然的一点是，尽管他早年曾经深度地参与历史学家吴晗有关中国绅权问题的讨论，并一起编写了《皇权与绅权》一书，由此真正注意到了在中国传统社会的上下结构间作为中间层的士绅阶层的存在与作用，但他的绅权观念是基于其对中国传统文化的乡土观察，是将士绅角色及其权力运作还原到乡土社会结构的功能之中。因此，他的观察视角是源自乡土又回归于乡土的。

而且，费孝通对于“土”的理解是极为独特的，也是后来人如果不去专门做一种深度阅读便无法真正体会得到的。这种理解是与费孝通的博士论文指导老师、英国人类学的功能派大师马林诺夫斯基的思想一脉相承的，也即真正把“土”或“土地”以及依赖于此而形成的生活方式看成一种基本的社会形态。这种形态的根本就是土地和基层社会是紧密地联系在一起的，这中间，土地是作为一种生活的媒介和根基而存在着的，也就是在乡土观念中的个人、土地以及社会这三者，它们必然是相互绑定并勾连在一起的，彼此间是无法分离，也不可以各自独立存在的。

显然，从作为其第一本专著的博士论文《江村经济》，到后来名冠天下的《乡土中国》一书的出版，这个阶段，可谓是费孝通思想成长的关键期。这同时也可以看成其思想历程中的第一次大觉醒，是西学遭遇到中国现实社会的一次真正自觉、自求和自知的本土性转化。很显然，这样的一次觉醒，对费孝通自己的学术历程，乃至学术思想的形成而言，都是至关重要的，他因此回归到了中国传统文人的笔记性随笔的书写之中，即不再在西方严格学科规范下受到各种条条框框约束的一种自由体的写作。并且，还基本上塑造了其在这之后的可以随时随地秉笔直书发表议论的、中国文人传统中他最擅长和流行的、能够作为公开意见发表的、有社会责任感和有文化担当的一种书写。

·费孝通的书写

费孝通的基本写作模式往往是随手写下来的文字先成为篇，然后将篇编订成书，并且是持续地书写，笔耕不止，甚至有着“文章不过夜”的习惯，这种习惯差不多一直保持到其晚年的最后岁月。

他一笔一笔的书写最终成就了他的一篇一篇文章，也自然成就了他的一种又一种独特思想。在此意义上，今天我们所提出来的“费孝通思想”，便是由他留下来的一篇篇的文字所体现出来的[①]，其思想的闪光之处，都体现在由其笔端所书写下来的成篇、成章以及成书的文字之中。在这方面，他从来都不会拘泥于文字书写形式本身，而是尽可能地让一种思想自然而然地伴随着一种文字和思想间的联想而起伏波动、延绵不绝。

---

① 参见拙著《费孝通思想的三重品格——论人类学、社会学以及民族学学科意识在中国之成长》，《江苏行政学院学报》，2020年第5期，第49—60页。

很显然，他长久坚持下来的散文体的学术论文，让文字的书写不再是福柯所谓“知识/权力”关系下用来震慑人、威吓人乃至伤害人的工具，而是和蔼可亲，有如闲聊家常一般的彼此间的对话、相互间的启示以及意义上的阐扬。而这种文字的创造，是非要真正对文字本身见之便“心生欢喜”之人，才能有的对作为一种载体和媒介的文字背后所独具的魅力的真正体味和感悟。

他在文字书写上的率性以及对文字表达本身的朴素追求，无形之中也成就了《乡土中国》一书的出版。即便在七十多年后的今天读来，这本书的文字及其内容的韵味依旧余音绕梁，三日不绝。此书一版又一版地重印，一次又一次地吸引新一代人的阅读目光就是一个证明。在这里，我们深切地体会到，这本书本身所具有的一种近乎不朽的生命力。除此之外，《乡土中国》还有一个特征，那就是一个人随时可以去读，没有那么多看似高深抽象的前设以及掉书袋一般绕弯子的烦琐文献考订，而是以文字书写直接面对现实中存在的中国本身，即一种乡土中国的存在及其变迁和转型，由此启发更多学者的思考以及问题意识的不断涌现。

对费孝通而言，他基于文字提出的问题，往往都带有一种观念上的柔性而非刚性的思考，因此便为后人多重性意义的解读留有一种可滑移的空间。由此其落笔所写下的那些文字，凭借着这样一种内在的柔性和滑移空间，自身便带着使人易于接近的亲切感，并且在这亲切之中又隐含着敏锐的社会与文化批判。在这方面，也许这套文存所选出的任何一篇费孝通的文字，都可以用来作为起点，由此渐渐领悟作为整体的费孝通思想的核心及其全部的风景。

除此之外，费孝通的文字风格也是多向度的，从一种扎实细致的学术探究，到自由随性的游记、杂写以及满怀深情的纪念怀故的文字，还有一首首的诗篇吟唱，这各种形式的呈现，实际上都深刻地体现出费孝通思想的全部内涵及其核心意义，那就是在对文字予以一种敬畏之余把文字作为公器的自我意见的表达和书写。

但另一方面，这些文字的生命和某一个具体人的生命之间的关系，却又不是可以用简单的"盖棺定论"来对其全貌予以准确勾勒的，而是要有阅读者和研究者不断深入阐发，其意义才能真正地显现。同时，费孝通自己文字的柔性，或者说并没有什么特别门槛的阅读上的直白以及这种直白背后的诸多可联想性，也为这种意义的解释和阐扬提供了一个独有的空间。

很显然的，他实际上并没有把自己所写下或所留下来的文字，以及可以对此去做进一步意义阐发的任何一扇门关死，而是任由它们随意地打开着，使后来的人们基于他富有启示性的运笔，而有了一种极为丰富乃至无穷的想象力的涌现。换言之，费孝通的文字终究是可以用来读，可以用来想，甚至是可以用来启迪人心的。

· 费孝通的乡土观

正是基于这样的思考背景，我才和编辑们一起精心从费孝通生前出版的文字中选择了这十二卷本的文字，集成此套“费孝通文存”。而从对这套文存字里行间的阅读之中，我们可以真正窥见作为文人学者的费孝通在文字写作上的一生，及其背后所运思的无限的学术创新的想象力。这种想象力的发挥，或许可以为中国社会科学的本土性和创造性存在提供一个后来者借鉴的样板。

很显然，思想跟文字之间的紧密联系是毋庸置疑的。一定意义上，一部人类书写史，也是人类思想逐渐地从粗鄙到精致的自我演进史。文字自身所能提供的独具魅力的联想和想象力，为文化的传递提供了一种极为重要的媒介载体。在这方面，费孝通自己的学术生涯便是以一位自愿书写的写者开始并坚持一生的，正如他自己所说的，“我这一生一直在写文章”（见其《简述我一生的写作》一文）。他写作生涯中最早变成铅字的，便是他十四岁时所写下并发表在当时商务印书馆《少年》杂志上的一篇讲述秀才先生闹剧的文字，而这种故事书写的模式也几乎是贯穿其一生的。因此，在一定意义上，费孝通自己应该算得上是一位很会讲故事的人类学家。不论是《江村经济》还是《乡土中国》，甚至这里所选的其他各类著述，这类故事性书写都暗藏在其各种形式的文字表述之中，因此也可以随时拿来阅读，并可供后来的研究者去做一番实际分析。

在这套文存里，所选定的第一本《江村经济》是费孝通在英国求学时完成的博士论文。这恐怕是他所有作品中最依循西方人类学的民族志传统而撰写的一部专论式的民族志作品，但仍不失是一种故事性的存在。这本书的成名，特别是世界学术界的认可，倒是费孝通自己没有预料到的，他因此说这是一种有似“无心插柳”的不期而遇[①]。但《江村经济》一书背

① 费孝通在1985年《江村经济》的《前言》中写到“屈指一算，离我最初在江村调查时，明年是整整半个世纪了。我自幸在今生能看到这项偶然形成的研究成果取得了国际上的承认，又在国内恢复了名誉”。费孝通，2018年，《江村经济》，北京：北京时代华文书局，第5页。

后的故事性却是一种自然发生的必然存在，或者应该说是在费孝通与江村的一次恰巧的偶遇基础上而实现的，这一点也成为此书撰写的基础和底色。对于这一场注定要发生的偶遇而言，更为根本的，或者更为真实的，便是他的姐姐费达生（1903—2005）早于费孝通的调查而在吴江开弦弓村所开展的一系列乡村工业实践活动，那个故事本身便可以说是委婉动人的。之所以这中间又能够跟费孝通有所关联，那显然是跟费孝通在那个时期的一段极为特殊的个人生命历程紧密联系在一起的。尽管有人会用所谓“家乡民族志”的概念去理解《江村经济》一书，甚至将费孝通看成这种民族志书写的开创者之一，但无疑地，江村对费孝通而言，并不是“家乡”这个词语的表面意思那么简单——这是费孝通自己在大瑶山痛失爱妻王同惠之后的一处身体以及精神的疗伤之地，也是他所敬佩的姐姐费达生和姐夫郑辟疆（1880—1969）为中国乡村的现代化发展而进行的乡村工业化的试验实践之所。他作为江南士绅家族后代无意识地觉察到了家乡本土的顽强地依赖于土地而谋生的人们，他们原有的本乡本土的生活方式越来越多地面临着转变，这种转变显然来自西方强大工业化的冲击。

马林诺夫斯基曾为此书专门写序，认为这是一部“里程碑式的著作”[①]，这样的盛赞也并非一种虚言，因为西方人类学在遭遇西方以外文明世界时的发展困境在这里似乎有了一个极为清晰的求解。而且更为重要的是，它还是一个东方文明世界里的乡土社会，在面对西方现代化强势冲击之后而朝着积极面创造性转化的典范性案例。似乎，对马林诺夫斯基这位世界人类学的代表人物而言，他从西方世界对现代世界冲击的无以适应的绝望中，真正看到了东方大地的地平线上那一道闪烁跳跃的曙光。江村因此便是世界性视野中一个本土人类学的研究者所讲述的中国传统社会在世界文明中将会如何发展的一个极好的本土研究范例。这个范例背后的故事性无疑是生动感人的，而且是最为真实可靠的，是熟练于社区研究的费孝通亲自调查而得，并借此唤醒了在绝望之中挣扎的西方人类学家对于异文化的自我创造性转化的可能性。

换言之，从西学意义上，这已经不再是单纯的西方人对于西方以外异文化的书写，而是本土研究者去自己的民族或人群当中进行研究的一种新的研究视野的开拓。这中间少了文化间

① 马林诺夫斯基在《江村经济》的《序言》中写到“我敢于预言费孝通博士的《中国农民的生活》（又名《江村经济》——译注）一书将被认为是人类学实地调查和理论工作发展中的一个里程碑”。费孝通，2018年，《江村经济》，北京：北京时代华文书局，第1页。

的隔膜，而更为具有了在自己人民之中的设身处地的深度理解和体悟。由此，本土人类学的开展，也便有了其最具合法性的一种存在可能，人类学这个学科，也因此走出了西方占据主导话语权的观念支配，而日益走向可以真正实现费孝通理想的那种“迈向人民的人类学”。

编入文存的《生育制度》一书，可谓是费孝通作品中最理论化的一本了，它是基于费孝通抗战时期在云南大学上课时的讲稿而写成的，最初发表在1947年。这本书关注西方的亲属制度研究，因此也会与既有的西方人类学亲属制度的原理有更多的关联性，或者不如说这是从中国人的家庭观中对亲属关系的理解去重思西方亲属制度这一人类学研究的经典主题。因此，曾作为讲义稿的《生育制度》一书，不失为一部真正从对中国亲属制度的观察出发，重新审视西方亲属制度研究在中国的适用性的著作。

很显然的，在由《生育制度》所引发的有关中国社会结构的思考之中，费孝通加入了自己从谱系学意义上而言的“社会继替”的观念，他因此有了一种基于中国家庭关系实践的更具延展性的讨论。而这在西方，要么是去强调一种家族联盟的结构，要么是去强调时间系谱上的代际结构分析，而费孝通的《生育制度》则独占一种中国式的以家庭为重的，家庭中父、母、子三角结构及其代际传递的解释视角，这显然跟那种更为重视家庭以外社会组织的亲属制度模式大为不同。同时，费孝通也注意到了在实际生活中所存在的代际传承关系，而且，它往往是在从家庭扩展至家族的空间中逐渐展开的。

这套文存中所选的《乡土中国》一书，根本上是有关于传统中国乡土的生活故事的。而这个故事的背景，实际上又是极为宏大的，可谓上下数千年中国农业社会的传统，都全包性地隐含在了此一故事的叙事之中。这个故事叙事的核心就是费孝通一再强调的一种乡土中国可能存在的真实图景，也就是一个人群如何长时期地牢固地被一片土地所束缚，由此而有一种由深厚积淀的农业文明所创造出来，并经过了一段历史和文明的进程。

就《乡土中国》的核心而言，显然这并不是一种进步论调的叙事，更不是对新与旧的乡土社会的人为界分，而是真正注意到了一种悠久文化积淀之中的中国人，注意到了如何使得依赖于土地生活的那些人自己可以有一种真正乡土本有秩序的生成、呵护与维持。这显然不单单是一种习惯意义上的秩序构造，而更是基于人要在乡土社会生活这一真切的事实而有的一种乡土文化的塑造，它因此必然会是社会、政治、宗教以及礼俗教化等诸多方面融为一体的整体性存在，而不会是就某一方面而言的单一向度的存在。

因此，乡土社会的核心，在费孝通看来便是自足的，是自成一体的。这样的自足性和自成一体性，其基础便在于全部生活对于土地产出的依赖，一旦离开了此种依赖，也便无所谓乡土中国的真实性图景可言，结果只是一种转型之中的中国，或更为直接的，便是一种离开乡土的离土中国了。因此，《乡土中国》一书本身的故事性便在于这片土地本身，便在于千丝万缕的文化意义上的创造跟这片土地之间所构建起来的持久性的关联，或者说是跟这一片土地以及生活于这片土地之上的人群之间紧密的联系、关联和捆绑。

费孝通的《乡土重建》一书虽与《乡土中国》为同一年出版，即1948年，但时间上略晚于《乡土中国》[①]，像之前的《生育制度》[②]一样，都属于同一个时期的作品。《乡土中国》这本书很显然是一种标杆性质的，也就是为中国的文化传统以及社会结构画影图形般地描摹出一个轮廓或者剖面图，便于关心此问题的人士比照勘验。

最初去画这根标杆的动因是很明确的，那就是这根标杆日益受到外部以及自身本土力量的蛀蚀而有可能会在顷刻之间坍

---

① 《乡土中国》由上海观察社出版于1948年4月，而《乡土重建》由同一家出版社同年8月出版。

② 《生育制度》最初在1947年9月由商务印书馆出版。见费孝通，1981年，《生育制度》，天津：天津人民出版社，“出版说明”部分。

塌倒下。费孝通基于对传统的不变的乡土中国的摹写、对这种摹写的种种回应以及不能不去关注的乡土之变的事实，而随后出版了作为《乡土中国》另一个向度补充的《乡土重建》一书。两本书，一正一反，恰成一体，费孝通也借此试图去扶正一路遭遇到现代世界发展之后的乡土中国的颓势。这个人为构造出来的“乡土中国”，在费孝通看来真正属于一种“观念中的类型”，在实际社会中已经是不存在或不可以真实捕捉到的了。而这里所倡导的“乡土重建”，显然是在“乡土中国”遭遇到了以所谓“洋枪、洋炮”为代表的西方现代性侵入之后的一种新的道路选择，它的未来绝不会是日本人的“脱亚入欧”，也不会是不加独立思考而纯粹依附性、依赖性甚至脱胎换骨式发展的“全盘西化”，而是真正意义上的由本土再造的自救和自保。这便需要在社会精英的引导之下去重新挖掘使之在世界潮流面前可以安身立命的本土资源，只有基于此，方能有一种真正的乡土社会重建之可能。

费孝通为此寻找到了两种乡土中国本土资源中带有根本性意义的社会结构性的要素，其一便是所谓的“皇权不下县”，它在传统中国的实施，无形之中确保了基层社会能够有一个由士绅阶层所引领的乡土自治空间；其二便是使得中国社会上下间顺畅运行的所谓“双轨政治”的模型。尤其是后者，认为在中国传统社会中存在着由上而下以及由下而上两条轨道，它们各自在运行，并在一个差不多中间位置的绅权那里有了一种权力的交会，由此而形成一种上通下达有着相互紧密联系的双轨道运行模式。这里不能不使我们想起马林诺夫斯基在《西太平洋的航海者》一书中所描绘的特罗布里恩群岛的库拉交易，那里的某一个部族会按照顺时针的方向在海上航行，而另外一个伙伴部族则是按照逆时针的方向航行，他们相向而行的结果必然是在某一个中间的位置交会在一起，进行一种象征性的礼品的交换，形成一种相互关联又相互协作的库拉交易的伙伴关系。因此，凡是秩序的产生，必然依赖于某种不同力量之间的协同以及彼此的需求，否则便难于产生实现真正互惠秩序的可能。

但近代中国的所谓“乡土之厄”，根本上而言是这双轨政治的不断受阻，甚至被硬性拆解，造成了一种上不通、下不达，以致道路淤塞的局面，从而使得一种上下间有回路的顺畅性不复存在，曾经真正可以有序运行的行政系统的效率在不断丧失。甚至双轨也转变成为一轨，上上下下的车都竞相拥挤到了这一条轨道上去运行，结果发生塞车、撞车的事情，也就在所难免了。

在此意义上，费孝通所提出的乡土重建的理念，其根本在于受到蛀损的双轨政治该如何得到修复，以此来扭转上下之间因为皇权过度“有为”而造成社会中只剩下一条轨道，而此一轨道上车辆相互堵塞、各不相让的局面，进而还可以借此去避开单一轨道运行的最终结果（即只可能是“上有政策，下有对策”的结构性失衡和失调）。如果长期这样，必然会出现基层行政秩序上的局面失控，这往往也是乡土社会所面临的最大困厄，如此也便只能眼见着根基于长期农业文明积淀的乡土中国的标杆径直地折倒下去了。

·费孝通的异域行走

在费孝通的海外经历中，他前后两次去过美国，其中一次居留长达一年之久，他后来为此写下了《美国与美国人》一书。很显然，对一个中国人而言，美国就像英国一样，也是一个异域的他者存在。但费孝通以一种人类学所训练出来的独有目光去审视这个年轻却也一样文脉悠久的国度。他以美国人类学家玛格丽特·米德的《美国人的性格》一书作为蓝本，先去阐述性地尝试理解所谓纸上田野中的美国以及美国人究竟会有怎样的一副形貌，随后他也启用了自己作为一名到访美利坚的中国人类学家的独特慧眼，去审视美国以及美国的社会与文化，并由此而看出了一个基于基督教传统的移民国家的文化与基于儒家思想的传统国家实际的文化分别究竟在何处。

很显然的，美国之行给费孝通留下了深刻印象，这种“深刻”首先是对于他自己的思考而言的。在这次行走中，他很敏锐地觉察到了现代世界对于“旧的世界”不留任何疑虑地要加以彻底铲除的那种文化上的果敢和无所畏惧，并在所谓“有鬼”和“无鬼”的世界之间进行了区分，由此得到了所谓东西方文化之间的既有差异。当然，中国乃至东方的社会，必然是一个“有鬼”世界存在的文化国度，因此，我们便理所当然地有了人人要去敬奉的祖先，有了不可诋毁的师尊，也因此相信了“头顶三尺有神灵”。而经现代性洗礼之后的西方世界，情形则并非如此，它的现代化历程是用一种专门的理性取代了上帝在人们心目中的存在，也同样取代了所有超验信仰存在的可能，特别是对跟欧洲所谓旧大陆的旧传统彻底决裂之后漂洋过海来到北美并构建起美利坚合众国的美国人而言，情形便更是如此了。在所谓“新世界”观念下的美国，一切旧有的、不可用理性验证的文化旧痕，便因此而可以一股脑地被丢弃了，至于我们文化里所笃信的祖先、师尊以及鬼神，也自然都是可以无所畏惧、无所惋惜地抛诸脑后的了。这一点文化比较，恐怕就是留在费孝通的美国之行记忆中最为深刻的印象了，并为他的敏感意识所觉察，为其清新流畅的文字所捕捉到。

至于英国，是费孝通最初要去看世界的出洋留学之地，后来他又再次到访，为此写了《重访英伦》，书里包含其初访英国的学术自述《留英记》以及这本《重访英伦》。他前前后后用了一些心思去研究英国的政治制度以及那里人民生活的现实，为此他还曾专门翻译了赫尔（J. E. D. Hall）的《工党一年》（*Labour's First Year*）这本书。尽管他不会随意地用“民族志”这样的大概念去统摄他对异域世界的观察和思考，但他的观察和思考，正如其对中国母文化的观察和思考那样，是敏锐而深邃的。而今天这样一本书的价值，应该将其看成早期中国人类学家了解西方异文化的一次初步涉足之旅，是对当下的中国海外民族志而言的一种早期游记式的书写模式。它是作为旁观者的观察，也自然是有着切身体悟的描摹性的民族志书写，但又绝对不是基于主客对立的“他者观民族志”支配下的那种在骨子里必要居高临下进行的文野两分的研究，而是一开始便有着一种中国人所熟悉和内化于心的自谦式的“西天取经”的学习心态，甚至还可能是在一种“屈尊”意念下的对于西方世界可欣赏之处的欣赏、可赞美之处的赞美、可批判之处的批判，是相对而言一种公允客观的文化比较，是在文化差异性游移中的一种自我觉悟，是一个有着深厚中国社会生活经验体察的本土研究者在其行走于近世西方文化典范代表的英伦三岛及其人民中间而有的一种最为直观的自我感悟，并毫不隐藏地将这种感悟通过文字描写出来。而这种游记一般夹带着人类学田野观察和反思的行走体的书写，且对费孝通而言似乎也并不陌生，甚至驾轻就熟。在这个意义上，他近乎一生都在行走，并且一生都在行走之中书写，其晚年的文集《行行重行行》书名的提出，也绝非是随随便便的，而是对他真实生存状态的描写。在他的《重访英伦》一书中，从英国的议会制度、工党政治，到二战期间英伦社会的城乡生活，处处可见从其行走之中涌现出来的点点滴滴的印象，并以轻快易读的文字形式留诸他的笔端，构成一种不经意间的文化相遇，进而激荡出一种对费孝通自己而言的独特的文化交互作用的跨越式感受。很显然，行走于英国的经验，成为他真正能够身临其境地去体验异文化存在的开始，英伦三岛也真正名副其实地成为他初涉西方文化真实存在样貌的踏足之地。他为此而笔下留痕，用文字的记录去保存这种行走观察踪迹的始末，正像他那《访英杂咏》所意指的，所谓“聊志鸿爪之意耳”[①]。

·田野作为方法

《社会调查自白》一书是基于费孝通的数次有关社会调查

① 《访英杂咏》包括费孝通在英国留学期间写的两首诗，他为此注解道：“一九三八年初夏，应傅师邀来桑谷村，住壑兰别墅。土墙茅屋，一若身返江左，遥望冈原起伏，牛羊点点，岂信英伦南隅犹留得此古乡也。即景口占二绝，不足言诗，聊志鸿爪之意耳。”引自费孝通，1999年，《费孝通诗存》，北京：群言出版社，第1页。

方法的讲稿写成的，不仅文字写得明白易懂，而且字里行间透露出他思想上的灵机和睿智。他用一种自谦的“自白”来界定他所理解的社会调查方法，换言之，这种社会调查法乃是一种必然和自己本身的体验直接联系在一起的个人独有或从个人经验里独自体会出来的方法，而非一种极度强调去人格化的所谓价值中立（value-free）的客观，更不是那种形式上独立于人，而又毫无亲切感、有适恰性发生的、有似方法手册一般冰冷的调查工具或机器。

作为社会学家、人类学家以及民族学家的费孝通，他手中所独有的社会调查的工具，可谓是行中见知、知中有觉以及觉后可用的。在费孝通的这一册薄薄的有关调查方法的“自白”之中，几乎涵盖并凝练了他作为一个研究者大半生的社会调查的足迹，以及基于田野思考的对于社会学、人类学以及民族学实地调查方法的最为深度的思考和反省。这种思考和反省，真正是一种娴熟于技艺本身的手艺人的思考，也就是那种所用的工具都和自己的身体感受直接关联在一起的、法国人类学家列维－斯特劳斯所说的“野性的思考”[①]。在这种思考

① ［法］列维－斯特劳斯，2006年，《野性的思维》，李幼蒸译，北京：中国人民大学出版社。

中，方法不能离开工具，工具也同样不能离开具体在思考着的人而存在，人跟他所使用的工具之间应该有一种天然的关联性，是密不可分的。

在一种社会学意义上的调查方法中，一项田野发现的成就便是某一种新概念的形成或涌现，而这些又都无法真正离开人以及人的思考而存在。显然，对于社会本身的种种发现和理解，最根本的就是每一个研究者都能够握有可以去获得独具匠心的概念分析和概念生成的工具箱，因此，每一个人自家墙上所排布的用以进行社会研究的工具，必然是因人或人群间的不同而有分疏差异的。而这才是真正意义上的社会调查的结果或实际后效，否则只能是仅仅触碰到了一点点社会真实存在的皮毛，只是那种蜻蜓点水般的新闻调查而已，那不仅缺乏对社会结构的深度挖掘，更缺少人类学田野民族志的所谓“深描”的细致钩沉[1]。至于如何去实现下面这两种深度，即“深度的深刻”以及“深度的深描”（应该看成一个乐于从事并献身于社会调查者所应具备的研究品质），费孝通自己的调查经验已经通过这本书中的文字说得极为深入浅出了。

---

① Clifford Geertz, 1973, *The Interpretation of Cultures: Selected Essays*. New York: Basic Books, PP. 3-30.

·杂写的自由

在费孝通的文字中还有一个专门的杂写集序列存世，但一般人往往不会太予以关注。不过无疑，这些文字又是绝对的趣味横生，多少有些像大写意画家的册页，随笔一涂，不经意间的一笔，却是真真地触及灵魂的妙趣横生。可以说，费孝通的一生都有随时写杂文的习惯，到了晚年，随着其到处行走的频繁和时间周期的加快，这种习惯也就更为突出了。这直接表现在杂写文字的书写上，体现了一种杂写的自由，同时也体现了费孝通自己对于文字书写的态度。当然，此时费孝通的杂写写作也是成果丰富的。

从“一九八二年的七月廿日”到“一九八七年的十二月十日”这个时间段，差不多每一年都会有一册杂写集出版，并且每册都有五六万字。他前后一共写就和出版了甲、乙、丙、丁、戊五册，这些不太被后来人所注意的文字，也都选编在这套文存之中。之所以这样做，有两方面的考虑，一是这类文字无形之中真正体现了费孝通的文以记事、不动笔墨不读书的文人情怀，二是也可以看到一个中国文人或者知识分子在传播其思想上的多元书写之风。这套做法自然地隐含在中国文人书写的传统之中，形成了中国文字书写的一个特色。

当然，除此之外，也是我们作为选编者的个人偏好，我们都很喜欢费孝通所写的这些边边角角的、不被归类、不易归类，也不被太多人看重和诠释理解的小品文字，但恰在其中，我们又清楚地看到了一个中国文人学者的生活以及跟他的职业融为一体的情趣和乐趣。

在这方面，费孝通是将所谓学术性的“大文章”和更具消遣性与适合大众胃口的杂文小品放在一起去书写的，可以说大文章和小品、杂写这两驾马车是齐头并进的。因此，我们会看到，在费孝通七十几岁的这一段时间里，一方面是在写《民族与社会》这样的大文章，同时也在写《访美掠影》这样的杂文小品。同样地，在出版《从事社会学五十年》的同时，也在写《杂写甲集》；在写《社会学的探索》的同时，亦有《杂写乙集》的出版[①]。这种写作的节奏和做法一直持续到其晚年的最后岁月。

这显然就是一个中国文人真正的整全性样貌的生活和存在。这种生活并不是矫揉造作刻意制作出来的，不是摆着架子、喊着口号要去做所谓的研究，而往往是随时随地的有感而发，

① 费孝通，1984年，《杂写乙集》，天津：天津人民出版社，第128页。

观察的材料随手拈来，且不会拘泥于某种行文的格式或体例。这是一种在行文之中见思想的思考路径，而一种有思考的思想，又必是以文字媒介呈现出来的。文字和思想显然是形影不离的。

可以说，费孝通自己作为一个擅长写作的文人从来不会厌倦任何一种形式的写作。他往往是借助文字的自由书写而完成人生境界以及自我人格的升华。他的书写因此触及了他所见到和所经历的一切。尽管他没有每天都去写日记的习惯，但很显然的，他的每一本杂写集以及出版的各种论文集，又何尝不是他的学术生活精致版的一篇篇日记的积累和呈现呢？

在这个意义上，社会科学研究的一半是需要由人文主义的书写传统去做支撑的，即在文字书写的传统之中去寻求自我的表达。而没有一种把文字、知识和思想真正结合在一起的人文书写传统的社会科学，特别是就人类学、社会学以及民族学而言，也便着实难有一种真正关乎人的学问或对人类自身的阐扬。那种刻板而毫无灵性的文字，其对人、对社会以及对文化的理解，自然也只能是一种隔靴搔痒、不着边际的平庸表达而已。

在这一点上，人显然是不同于单向度存在的物的，人一定是基于彼此间的感知而有自我反应的存在。这种彼此的感知，往往都是借助于人所独有的语言、信号或象征而实现的。在这一点上，人跟人之间是以互动性或者互惠性为前提的。对人或人群之中的人而言，显然并不是某一个单独的人在孤独地书写，而是彼此都在进行着一种具有表达性以及可交流性的书写。因此，才会有彼此间往来复去的解释和交流。只有在拥有一种文人传统的中国，才会把文字本身的作用扩大构造成一种独有的生活方式，由此形成了一种文人和大众书写间的分别。显然，文人似乎更在乎文字雕琢上的精致，即所谓雅言，所谓微言大义，因此才会有费孝通在《乡土中国》中所概括出的那种“文字不下乡”的高高在上、阳春白雪的功用。而民间大众更在乎文字的实用价值，因此，大众文字的书写必然会跟生活的实用之间有着一种最为紧密的联系。

五四运动之后的学者试图在上述这两者之间做一种尽其所能地拉近距离的沟通性努力，并在这两者之间真正搭建起一座可以联通彼此的桥梁。这途径和做法之一便是用白话文来代替文言文，而其次便是以简化字来代替难写难认的繁体字，这使得大众识字率开始有了明显上升，文人传统和大众文化之间的距离才日益缩小。

很显然的，费孝通自己是很乐于成为这种能够真正缩小传统文人士大夫群体和最广泛的大众生活之间差距的担当者和实践者的，他也用明白易懂的文字证明了这一点。即便是在学术研究的圈子之外，他的文字也有着磁石一般的力量吸引更广大读者去阅读。同时，他行文直白，从不刻意去绕弯子。在这一点上，社会文化的事情虽然复杂，但一落到费孝通的笔下，文字便极为清楚明白。这种书写状态的修炼，显然跟他手不离笔的习惯是不可分割的。他显然并不持学界中书写矜持派的那种沉默是金的姿态，而是一种真正表达派的不吐不快。虽为此可能会如古训所谓“言多必失”而付出人生起伏不定的代价，但从自我思想的自由表达的意义上说，他又无疑是功德圆满的。他显然实现了独立思考的并与他所生活的时代同呼吸共命运的自然而不做作的表达，他的书写风格，也体现了他们那一代人对于所谓书写以及知识传播价值的思考和实际运用。

编罢此套文存，行笔至此，独自掩卷深思，心绪是极为复杂的。费孝通先生那种文字的灵性总是在敲打着我作为学生的充满求知欲和迟钝的灵魂，我为此而激动，为此而自豪，为此而感慨，也发自内心地希望这种敲打永不终止。最后，费孝通先生甚会写诗，也有诗集《费孝通诗存》留世。而作为唱和，不妨以自己的几句不成熟的心得奉上，所谓“言有尽而意无穷”，将其抄录在文末，也算作是一个学生对老先生在天之灵的恭祭吧：

先生文存今受益，字里行间总相宜。

百年隆祭又十载，谆谆教诲印心迹。

山河有待人自觉，文化作舟可扬帆。

书写权当心修炼，一抹朝霞眷后人。

二〇二一年十月二十六日晨于山良书房

中国社会变迁中的文化结症

任何对于中国问题的讨论总难免流于空泛和偏执。空泛，因为中国具有这样长的历史和这样广的幅员，一切归纳出来的结论都有例外，都需要加以限度；偏执，因为当前的中国正在变迁的中程，部分的和片面的观察都不易得到应有的分寸。因之，我在开讲之始愿意很明白地交代清楚，我并不想讨论本题所包括的全部，我只想贡献一种见解，希望能帮助我们了解中国社会变迁的方向。我在这次演讲中，并不能把社会各方面，好像经济、政治、宗教、教育等等的变迁情形一一枚举，只愿分析在这些方面所共具的基本问题，也可说是文化的问题。所谓文化，我是指一个团体为了位育处境所制下的一套生活方式。我说一“套”，因为文化只指一个团体中在时间和空间上有相当一致性的个人行为。这是成“套”的。成套的原因是在：团体中个人行为的一致性是出于他们接受相同的价值观念。人类行为是被所接受的价值观念所推动的。在任何处境中，个人可能采取的行为很多，但是他所属的团体却准备下一套是非的标准，价值的观念，限制了个人行为上的选择。大体上说，人类行为是被团体文化所决定的。在同一文化中育成的个人，在行为上有着一致性。

讲到这里，我应该特别提出位育这个词。一个团体的生活方式是这团体对它处境的位育（在孔庙的大成殿前有一个匾写着“中和位育”。潘光旦先生就用这儒家的中心思想的“位育”两字翻译英文的 adaptation，普通也翻作“适应”。意思是指人和自然的相互迁就以达到生活的目的）。位育是手段，生活是目的，文化是位育的设备和工具。文化中的价值体系也应当作这样看法。当然在任何文化中有些价值观念是出于人类集体生活的基础上，只要人类社会存在一日，这些价值观念的效用也存在一日。但是在任何文化中也必然有一些价值观念是用来位育暂时性的处境的。处境有变，这些价值也会失其效用。我们若要了解一个在变迁中的社会，对于第二类的价值观念必然更有兴趣。因之，我在这次演讲中将要偏重于这方面，去分析那些失“时宜”的传统观念。

我这里所说的“处境”其实可以代以常用的“环境”一词。但是我嫌环境一词太偏重地理性的人生舞台，地理的变动固然常常引起新的位育方式，新的文化；但是在中国近百年来，地理变动的要素并不重要。中国现代的社会变迁，重要的还是被社会的和技术的要素所引起的。社会的要素是指人和人的关系，技术的要素是指人和自然关系中人的一方面。处境一词似乎可以包括这意思。

对于变迁的概念，我也想作一注脚。变迁是一个替易或发展的过程，从一种状态变成另一种状态。若要描写这过程，最方便的是比较这两种状态的差别。但这是须在后起的局面多少已成形的时候才能有此方便。中国社会变成什么样子，现在还没有人敢说。所以我只能先说明传统的方式。传统的方式不但有记载可按，而且有现实的生活可查；关于新兴的方式则除了可以观察者外，只能参考所采取新的要素在其他社会里所引起的变迁了。我并不愿承认中国从西洋传入了新工具必然会变成和西洋社会相同的生活方式。我不过是借镜西洋指出这可能的趋向。

中国社会变迁的过程最简单的说法是农业文化和工业文化的替易。这个说法固然需要更精细的解释，不能单从字面上做文章，但是大体上指出了中国是在逐渐脱离原有位育于农业处境的生活方式，进入自从工业革命之后在西洋所发生的那一种方式。让我从这一句笼统的说法作出发点，进而说明农业处境的特性和在这处境里所发生的价值观念和社会结构。

中国传统处境的特性之一是“匮乏经济”（economy of scarcity），正和工业处境的“丰裕经济”（economy of abundance）相对照。我所说的匮乏和丰裕，并不单指生活程度的高下，而是偏重于经济结构的本质。匮乏经济不但是生活程度低，而且没有发展的机会，物质基础被限制了；丰裕是指不断地累积和扩展，机会多，事业众（我在《初访美国》中有较长的说明）。在这两种经济中所养成的基本态度是不同的，价值体系是不同的。在匮乏经济中主要的态度是“知足”，知足是欲望的自限。在丰裕经济中所维持的精神是“无餍求得”。关于西洋资本主义的发展和“无餍求得”精神的关系，已经由今天的主席 Tawney 教授分析过，我不必在这里详述。我在这里想用同样方法来分析的是匮乏经济和知足观念的关系。

传统匮乏经济的形成有着许多条件。首先，中国是个农业国家。中国人民的生活多少是直接用人力取给于土地的。土地经济中的报酬递减原则限制了中国资源的供给。其次，我们可耕地的面积受着地理的限制。北方有着戈壁的沙漠，而且日渐南移，黄沙覆盖了农业发祥地的黄河平原。西方有着高山。东方和南方是海洋，农夫们缺乏航海的冒险性。中华腹地，年复一年地滋长着人口，可耕的可说都耕了。悠久的历史固然是我们的骄傲，但这骄傲并不该迷眩了我们为此所担负的代价。这个旧世界是一个匮乏的世界，多的是人，少的是资源。

马尔萨斯的人口论似乎最适合于中国的情势了。但是我却常觉得并不够解释为什么中国人口会这样多，使他们生活程度不能不降得这样低。人究竟不是普通的动物，依着生物原性去增加他们后裔的。中国人口的庞大实在是农业经济所造成的，在利用人力和简单的工具去经营农业的时代，这也许是不能避免的现象。农作活动是富于季候性的。在农忙时节，很短的时间中，必须做完某项工作，不能提早，也不能延迟。若是要保证在农忙时节不缺乏劳力，在每一个区域之内，必须储备着大量人口。农忙一过，农田上用不着这些劳力了，但是这批人口还得养着。生产是季候性的，消费却是终年的事。农田不但得报酬所费的劳力本身，而且还要担负培养和储备这些劳力的费用。农业和工业性质的不同也分出了担负的轻重。表现出来的是人多资源少的现象。

土地所需劳力的分量是跟着农业技术而改变的。若是农业中工具改进，或是应用其他动力，所需维持的人口也可减低。但是，在这里我们却碰着了一种恶性循环。农业里所应用人力的成分愈高，农闲时失业的劳力也愈多。这些劳工自然不能饿了肚子等农忙，他们必须寻找利用多余劳力的机会。人多事少，使劳力的价值降低。劳力便宜，节省劳力的工具不必发生，即使发生了也经不起人力的竞争，不值得应用。不进步的技术限制了技术的进步，结果是技术的停顿。技术停顿和匮乏经济互为因果，一直维持了几千年的中国的社会。

我承认物质生活的享受总是人生的一种引诱。但是我们应当问的，在一个资源有限的匮乏经济中这种引诱会引起什么结果？在村子里，每一方田上都有着靠它生活的人。若是有一个人要扩张他的农田，势非把别人赶走不成。一人的物质享受必然是其他人生活的痛苦。路上的冻死骨未始不就是朱门酒肉臭的结果。人不向自然去争取享受，而在有限的供给中求一己的富裕，结果不免于人相争食。这并不是东方的特色，而是人类社会的基本原则。桑巴特曾说，在资本主义以前的社会通性是“从权力得到财富”。在中国历史上固然不缺乏刘邦、朱元璋之类的人物，但是每个人若都像项王一般，存着“取而代之”的心思，这个社会显然是难于安定了。没有机会的匮乏经济中是担当不起这一种英雄气概的。刘邦、朱元璋究竟是亿万人中的幸运儿，不足为训；历史上读不到的是屈死篱下的好汉。尊荣享受所给的对象是个人，幻灭是社会的混乱。这史实，这教训，这领悟，凝成一种态度，知足安分；一代又一代，知足安分地得到了生存和平安，谁能否认这不是处世要诀？

我这种分析并不想把价值观念只视作客观经济处境的心理反映。观念是文化中不能分的一部分；是一种帮助社会位育处境的力量。在资源有限的匮乏经济里有不知足不安分的人，而且对于物质享受的爱好，本是人性之常，但是这种精神并不能使人在这处境中获得满足，于是有知足安分的观念发生了。这观念把人安定在这种处境里。我并不是在批评这种观念，我不过想了解这观念。

从这个角度里去看传统的儒家思想，可以帮助我们对它的领会。我常觉得我们这位“万世师表”所企图的是在规划出一个社会结构，在这结构中有着各种身份（君臣父子之类），每个人在某种身份中应当怎样想，怎样做。社会结构本是人造的，人造的东西都可以是一种艺术。社会也可以是一种艺术。身份安排定当，大家安分地生活下去，人生的兴趣就在其中——“吾与点也”。这正是像英国的国术足球。球员们从不感觉到球场应当要加宽一些，球得加重一些，或是增加几个球员。他们是安“分”的。他们更不会坚持一套规则只许自己用手，不许人家用手，自己门上装个铁网，人家门前不许守卫。这样做不成了玩球了。人生的鹄的若在“游于艺”的话，我们似乎必须有一套社会结构。这结构的创立固然需要合于艺术的原则，大同之境，而人也必须要有安分的精神。这精神就是“礼”，我很想翻译成英国人民所熟悉的 sportsmanship。Sportsmanship 是承认自己所处的地位，自动的服从于这地位的应有的行为，也就是“克己”。在北平街上，有些门上还可以看到“知足常乐”四字。快乐是人生的至境，知足是达到这境界的手段。

我并不知道在传统社会中的中国人是否快乐；但是知足

的态度却使他并不能欣赏进步的价值，尤其是一种不说明目的的“进步”。孔子对于生产技术是不发生兴趣的，他是一个在农业社会里不懂农事的人。他的门徒中比较更极端一些的像孟子，劳力的被视作小人了。当时和儒家不太和合的庄子，在限制欲望、知足这一点上是表示赞同的，以“有限”去追求“无限”，怎么会不是件无聊而且危险的事呢？唯一对于技术有兴趣的墨家，在中国思想上所占的地位远不如儒家，这也可以说明在一个劳力充斥的农业处境中去讲节省劳力的技术，是件劳而无功的事。我在这里并不能对中国传统思想多作介绍，我所想的是指出知足、安分、克己这一套价值观念是和传统的匮乏经济相配合的，共同维持着这个技术停顿、社会静止的局面。

在这里我想对儒家偏重身份的观念再下一些注释。儒家的注重伦常，有它的社会背景，中国传统社会结构的基础是亲属关系。亲属关系供给了显明的社会身份的基图，夫妇、父子间的分工合作是人类生存和绵续的基本功能所必需的。这些身份比其他社会团体中的身份容易安排，容易规律。而且以婚姻和生育所结成的关系，一表三千里，从家庭这个起点，可以扩张成一个很大的范围。而且在亲属扩展的过程中，又有性别、年龄、辈分等清楚的原则去规定各人相对的行为和态度。在儒家的社会结构中，亲属也总是一个主要的纲目，甚至可以说是一切社会关系的模范。

以亲属关系作结构的纲目是同儒家以礼作社会活动的规模相配合的。礼，依我以上的注释，是依赖着相关各人自动地承认自己的地位，并不是法。法是社会加之于各人使他们遵守的轨道。自动的合作，必须养成于亲密、习惯、熟悉的日常共处中。“学而时习之”的习字，是养成礼的过程。足球的指导员一定明白球员的合作必须经过朝夕的练习。从这个意义上说，礼也很近于哈佛大学 Mayo 教授所谓 social skill，直译是“社会技术”，意译是“洒扫应对”。用普遍社会学的名词来说：积极的和自动的合作需要高度的契洽，契洽是指行为前提的不谋而合，充分的会意；这却需要有相同的经验，长期的共处，使各人的想法、做法都能心领神会。换一句话说，人和人之间的亲密合作，不能是临时约定，而需要历史养成。亲属在这方面说正是人和人的历史关系，家庭又正是养成亲密合作的场合。在家庭和亲属关系里，“社会技术”最易陶养，以礼来规范生活的社会也最易实现。儒家想创造一个礼尚往来的理想社会结构，中国原有的亲属组织也就成这结构的底子了。

也许我们可以问这种把社会身份规定住了的结构不是一种保守主义么？从人类文化的物质基础上说也许是这样。但是我觉得儒家并不是反对物质的享受，孔子至少承认富人也可以为善，虽则和穷人为善的方法不完全相同。他对于贫富、财货并不关心，他所关心的是人和人的相处，并不在人对自然的利用。我们若要为儒家辩护，可以说不论人对自然的利用到什么程度，人和人相处相得还是和人生直接有关的问题。对于这问题，人类还得不住地用功夫，求善道。因之，儒家可以有理由对物质享受之道不加关心。不关心并不是疾视，“你去问别人好了”。若是我们从人和人的关系上去看，儒家并不是保守的，而是有理想的，有理想的就不能对现实满意。孔子的栖栖皇皇，坐不暖席，为的是他有理想。社会结构的标准是完整，是大同。这个概念和法国社会学家的前驱 Le Play 和 Durkheim 很相近。大同或是社会完整，很不易加以简单的定义，若是必须要说的话，我认为这是一种社会组织的程度，在这程度上个人觉得和团体相合，而且在作这整体的一部分时，个人从团体中获得他生活需要的高度满足。Durkheim 在他的《自杀论》里反面地说明了不完整社会的形态。在他之前 Le Play 已有6册巨著分析工业初期欧洲社会的解组。这两位大师对于英国人类学的影响之深早已显著，但是他们对于现代社会的批判却并没有引起海峡对岸的回响。可是，远隔大西洋的美国，这基本概念，社会完整，却被许多研究工业组织的学者们所重视了，可惜的是数十年中，人类已经受到两次大战的打击了。回念我们被视为古旧的中华文化，几千年来这问题久已成为思想家的主题。东西相隔，我们的传统竟迄今没有人能应用来解释当前人类文化的危机。人类进步似乎已不应单限于人对自然利用的范围，应当及早扩张到人和人共同相处的道理上去了。

我对中国传统秩序已说了不少的话，可是我还只能粗枝大叶地提出一些问题罢了。我这篇话只想说明中国传统价值观念是和传统社会的性质相配合的，而且互相发生作用的。希望并没有引起一种误会，认为我是主张回返传统或是盲目于饥饿的群众。即使我承认传统社会曾经给予若干人生活的幸福或乐趣，我也决不愿意对这传统有丝毫的留恋。不论是好是坏，这传统的局面是已经走了，去了。最主要的理由是处境已变。在一个已经工业化了的西洋的旁边，决没有保持匮乏经济在东方的可能。适应于匮乏经济的一套生活方式，维持这套生活方式的价值体系是不能再帮助我们生存在这个新的处境里了。“悠然见南山”的情境尽管高，尽管可以娱人性灵，但是逼人而来的新处境里已找不到无邪的东篱了。我不反对我们能置身当年情境欣赏传统的幽美，但这欣赏并不应挡住我们正视现实：这一个利用自然动力，机器和庞大组织的生产方法；这人口汇集，车如流水的都市；这财富累积，无餍求得的社会；这疾如流星，四通八达的交通；这已经发现了利用原子能的新世界——回到我最初的命题，这自从工业革命之后在西洋所发生的那一套生活方式，这是一个丰裕的经济。

我并不觉得自己配谈西洋文化，我缺乏分析这新处境所需的知识，但是从别人的著作中看去，似乎工业革命曾在欧洲社会引起过一个很重要的转变；在西洋人民的生活中已有一套新的原则在活动，在若干方面正和我在上面所指出的那种生活方式刚刚相反。当然，我并不是说东方和西方事事相左，我们的白天是你们的黑夜；你们的白天是我们的黑夜。人类文化有着基本的相同点，但是今天我是在讨论变迁，变迁是出自相异。

若是匮乏经济和丰裕经济只是财富多寡之别，东方和西方正可以相邻而处，各不相扰。贫而无谄，富而好施，还是可以往来无阻。但是这两种经济的不同却有甚于此。匮乏经济是封闭的、静止的经济，而丰裕经济却是扩展的、动的经济。工业革命之后的西洋，代表着一个扩展的过程，一个无孔不入的进取性的力量。甘地想从个人意志上立下一道匮乏经济的最后防线，显然是劳而无功。这世界已因交通的发达而形成不可分割的一体，在这一体之内，手艺和机器相竞争，人力和自动力相竞争，结果匮乏经济欲退无地，本已薄弱的财富，因手工业的崩溃、生产力的减少，而益趋贫弱。在这方面说，确是一个弱肉强食的场合。尽管你可以瞧不起锦衣玉食，但是当饥寒交迫的时候，谁也不能不承认生活确是有一道物质基础的。当经济的竞争把人推到不能不承认物质生活的重要时，怎能不憬然醒悟最初不重视物质生活的失策了。

即在东西接触之初，西学的实用是早经公认的了，我们可以很简单地说，直接使东方受到患难的是西方的武器和生产技术。这就是“西学为用”的用的方面。在学习和接受西学之用的方面时，我们逐渐发现了用和体是相关联的，是一套文化。技术是人利用自然的方法，重视技术，发展技术是出一种人对自然的新关系。匮乏经济因为资源有限，所以在位育的方式上是修己以顺天，控制自己的欲望以应付有限的资源；在丰裕经济中则相反，是修天以顺己，控制自然来应付自己的欲望。这种对自然的要求控制使人们对它要求了解，于是有了科学。西学确是重于人和自然的关系，根本上脱不了利用厚生之道，是重“用”的。但是这偏重的背后却有一种新的看法，这看法规定着人在宇宙里的地位，是出于西洋宗教的基源。这一点，今天的主席 Tawney 先生已经分析过，不必重述。我想指出的是在基督教传统中所孕育的那种无餍求得的现代精神，只有在一个丰裕经济中才能充分发挥，成为领导一个时代的基本力量。我在论匮乏经济时曾指出一种循环：劳力愈多，技术愈不发达，技术愈不发达，劳力也愈多；在丰裕经济中也有一种循环：科学愈发达，技术愈进步，技术愈进步，科学也愈发达。到现在至少已有一部分人感觉到，科学发达得太快，技术进步得太快，人类已不知怎样去利用已有的科学和技术来得到和平的生活了。这两种循环比较起来，前者已造成人类的贫穷，后者已造成了人类的不安全，都可以说是恶性的。

中国传统文化中不发生科学，决不是中国人心思不灵，手脚不巧，而是中国的匮乏经济和儒家的知足教条配上了，使我们不去注重人和自然间的问题，而去注重人和人间的位育问题了。我不敢说在人事上中国传统文化是否有很大的造就，但是在科学上没有发达，那是无法否认的。一直到现在我还是不敢说中国的科学已有基础。我怀疑在中国经济得到解放之前科学在中国是会入土滋长的。我们要知道过去100年东西的接触，并没有造下中国能在本土发达科学的处境。这远东的大国至今不过是西洋工业的市场，本身并不是一个工业的基地。我似乎觉得工业化和科学化是相配的，分不开的。日本工业发达之后，科学上的成就并无逊于西洋，是一个很好的证据。中国经历了100多年，在接受西洋文化上还没有显著的成效，在我看来，是在我们匮乏经济的恶性循环并没有打破，非但没有在经济上得到解放，反而因为和现代工业国家接触之后，更形穷困。在这生产力日降，生活程度日落的处境中，绝不会有“现代化”的希望的。

在接受西洋生产技术的过程中，还有一种困难，我愿意在这里加重地提到，那就是利用现代技术的社会组织。在西洋，因为现代技术的需要产生了集中的工厂。工厂在中国都市里也发生了，机器也装上了，工人也招来了。虽则在规模上比不了西洋，但是这新的生产组织至少也传入了中国。中国乡土工业的崩溃使很多农民不得不背井离乡地到都市里来找工做。工厂里要工人，决不会缺乏。可是招得工人却并不等于说这批工人都能在新秩序里得到生活的满足。有效的工作，成为这新秩序的安定力量。依我们在战时内地工厂里实地研究的结果说，事实上并不如此（可参考史国衡著《昆厂劳工》）。我们认为在中国现代的工厂里，扩大一些，现代的都市里，正表示着一种社会解组的过程，原因是现代工厂的组织还没有发达到完整的程度。

我在上面已说过社会完整的意思。在完整的社会里社会所要个人做的事，养孩子，从事生产，甚至当兵打仗，个人会认真地觉得是自己的事。这就是我所谓“个人觉得和团体相合”的意思，要使人对于社会身份里的活动不感觉到是一种责任，而是一种享受——孔子所谓“不如好之者”的境界——至少要先使人对于他所做活动和自己生活的关系有认识；活动、生活、社会三者要能结合得起来。这里，在我看来，必须要一个完整的人格，就是个人的一举一动都得在一个意义之下关联起来，这意义又必须要合于社会所要求于他的任务。现代技术的发达在社会组织的本身引入了一个“超人”的标准，那就是最小成本最大收获的经济律。在这标准之下，再加上了机械活动的配合律，串成一套生产活动，支配这活动的最终目的并不是参加活动者的个人目的，甚至并非社会的目的，而是为生产而生产，为效率而效率的超于人的目的。资本主义的不断累积，是出于积财富于天上的动机。

在这种活动体系中，一个工人实在不易了解在这体系中他个人活动的意义何在，除了从这活动中所得到的报酬。他们能吸收到个人生活体系中去的只是这报酬，并不是活动的本身。他们对于活动本身并不发生兴趣，没有乐趣，更谈不到“好之”的境界。于是在现代工业里的劳工最主要的要求是，少做工，多得报酬，这还是欧美劳工运动的基本目标。在社会学的观点上看，是社会解组的现象，因为这里充分表现了社会缺乏完整。Le Play 和 Durkheim 很早地见到这个趋势，感觉到人类社会的危机。

西洋这社会解组的趋势并没有很快地走上危机，因为现代技术虽则一方面打破了社会的完整性，但是另一方面却增进了一般人民的物质享受。而且他们有充分的时间，逐步地用“法”把社会关系维持下去。基督教和罗马法本是西洋文化的两大遗产，和现代技术结合，造成了个人资本主义的一种文化。在中国，现代技术并没有带来物质生活的提高，相反地，在国际的工业竞争中，中国沦入了更穷困的地步。现代技术所具破坏社会完整的力量却已在中国社会中开始发生效果。未得其利，先蒙其弊，使中国的人民对传统已失信任，对西洋的新秩序又难于接受，进入歧途。

在歧途上的中国正接受着一个严重的试验。我当然希望欧美的文化既已发生了现代技术，能百尺竿头，再进一步，创造出一个和现代技术能配合的完整的社会结构。这可以使在技术上后进的东方减轻一些负担。但是我不能不怀疑现在这种结构已经存在，虽则我愿意承认社会主义在英国的出现确表示着对这方向的迈进。以往只在技术上求发明，而忽略各社会组织上求进步和配合，不能不说是人类历史上的憾事。我们的传统，固然使我们在近百年来迎合不上世界的新处境，使无数的人民蒙受穷困的灾难，但是虽苦了自己，还没有贻害别人。忽略技术的结果似乎没有忽略社会结构的弊病为大。若是西方经过了这两次大战而不觉悟到非注意到人和人的关系时，我想也许我们几千年来在这方面的研讨和经验，未始没有足以用来参考的地方。在这里我记起 Radcliffe-Brown 教授的话，他发挥了社会人类学的理论之后，在中国的一次旅行中，发现了荀子的著作里有着不少和他相同的见解。在欧洲曾有过一次文艺复兴，为这现代文化开了一扇大门，我不敢否认世界文化史中可能再有一次文艺复兴。这一次文艺复兴也许将以人事科学为主题，中国和其他东方国家传统可能成为复兴的底子。我不必在这方面多作猜测，在我们中国立场上讲，我们只有承认现在有的弱点，积极地接受西洋文化的成就，但是我们也应当明了怎样去利用现代技术和怎样同时能建立一个和现代技术相配的社会结构是两个不能分的问题。若是我们还想骄傲自己历史地位，只有在这当前人类共同的课题上表现出我们的贡献来。

中国社会变迁，是世界的文化问题。若是东方的穷困会成为西方社会解体的促进因素，则我们共同的前途是十分暗淡的。我愿意在结束我这次演讲之前，能再度表达我对欧美文化的希望，能在这次巨大的惨剧之后，对他们文化基础作一个深切的研讨，让我们东西两大文化共同来擘画一个完整的世界社会。

1947年1月30日在伦敦经济政治学院学术演讲稿

乡村·市镇·都会

·相成相克的两种看法

对于中国乡村和都市的关系有相成和相克的两种看法：

从理论上说，乡村和都市本是相关的一体。乡村是农产品的生产基地，它所出产的并不能全部自销，剩余下来的若堆积在已没有需要的乡下也就失去了经济价值。都市则和乡村不同。住在都市里的人并不从事农业，所以他们所需要的粮食必须靠乡村的供给，因之，都市成了粮食的大市场。市场愈大，粮食的价值也愈高，乡村里人得利也愈多。都市是工业的中心，工业需要原料，工业原料有一部分是农产品，大豆、桐油、棉花、烟草，就是很好的例子。这些工业原料比粮食有时经济利益较大，所以被称作经济作物。都市里工业发达可以使乡村能因地制宜，发展这类经济作物。另一方面说，都市里的工业制造品除了供给市民外，很大的一部分是输入乡村的。都市就用工业制造品去换取乡村里的粮食和工业原料。乡市之间的商业愈繁荣，双方居民的生活程度也愈高。这种看法没有人能否认。如果想提高中国人民生活程度，这个乡市相成论是十分重要的。中国最大多数的人民是住在乡村里从事农业的，要使他们的收入增加，只有扩充和疏通乡市的往来，极力从发展都市入手去安定和扩大农业品的市场，乡村才有繁荣的希望。

但是从过去历史看，中国都市的发达似乎并没有促进乡村的繁荣。相反的，都市兴起和乡村衰落在近百年来像是一件事的两面。在抗战初年，重要都市被敌人占领之后，乡市往来被封锁了，后方的乡村的确有一度的（即使不说繁荣）喘息。这现象也反证了都市和乡村实在害多利少。这个看法若是正确的，为乡下人着想，乡市的通路愈是淤塞，愈是封锁，反而愈好。

这两种看法其实都是正确的，前者说明了正常经济结构中应有的现象，后者说明了中国当前经济畸形发展的事实。让我先分析一下为什么在中国应当是相成的经济配偶会弄得反目相克的呢？

·传统市镇并非生产基地

第一我们应当了解的是乡市的差别在中国并不是农工的差别。在传统经济中，我们的基本工业是分散的，在数量上讲，大部分是在乡村中，小农制和乡村工业在中国经济中的配合有极长的历史。孟子已经劝过人家在田园四周种些桑树，意思是农业本身并养不活农场极小的人家，唯一的求生方法是兼职，农闲的时候做些手工业。基本工业分散的结果，乡市之间并不成为农工的分工了。乡村是传统中国的农工并重的生产基地。它们在日常生活中保持着高度的自给。惯于降低生活来应付灾荒的乡下老百姓，除了盐，很可以安于自给自足的经济，虽则这种自给自足的经济必然是匮乏的。

在乡村里生产者之间，各人所生产的东西可能并不完全相同，于是需要交换。这种贸易在大部分的中国到现在还是在日中为市式的“街”“集”等临时集合的摊子上进行的。街集之类的贸易场合里甚至还有直接以货易货的方式，即是以货币作媒介的，货币也常只是价值的筹码；带着货物上街的人，还是带了其他货物回家的。乡村里很大部分的贸易活动就到这类街集为止。

在比较富庶的地方，这类街集集合的时间可以频繁些，频繁到每天都有，更在这些集合的场所设立了为憩息之用的茶馆，为收货贩运者贮货的小仓库——成了一个永久性的小市镇。我愿意相信这类从乡村贸易需要里产生的小市镇在中国各处都有，但是中国很多较大的市镇却并不都是这样兴起的。

中国人口的繁殖，使乡间的劳力过剩。过剩的劳力在只有农业和小规模的家庭手工业的传统经济中并不能离开乡村，他们尽力地以降低生活程度为手段向别人争取工作机会。劳力成本的降落，使一部分稍有一些土地的人付出很低的代价就可以得到脱离劳作的机会了。他们出租了土地，自己就离乡住入较为完全的城里去。在乡间做个小小富翁并不是件太安心的事，那是我们中国人的普通经验，用不着我来举例作证的。那些地主们在他们住宅周围筑个城墙，可以保卫。他们有资本可以开典当铺，可以在谷贱时收谷，谷贵时卖谷，可以放高利贷，可以等乡间的自耕农来押田借谷，过一个时候贱价收买。Tawney教授曾说：那些离地地主和佃户的关系其实是金融性质的。我想我们很可说，这类市镇所具的金融性质确在商业性质之上，至于工业实在说不上。在这类市镇中，固然有兼做大户人家门房的裁缝铺，有满储红漆嫁奁的木匠铺，有卖膏丸补药的药材铺，有技术精良专做首饰的银匠铺——这些只是附靠着地主们的艺匠，与欧洲中古封主堡垒里那些艺匠的性质相同。

这些市镇并不是生产基地，他们并没有多少出产可以去和乡村里的生产者交换贸易。他们需要粮食，需要劳役，可是他们并不必以出产去交换，他们有地租、利息等可以征收。乡村对于这些市镇实在说不上什么经济上的互助，只是一项担负而已。

·乡村靠不上都会

自从和西洋发生了密切的经济关系以来，在我们国土上又发生了一种和市镇不同的工商业社区，我们可称它作都会，以通商口岸作主体，包括其他以推销和生产现代商品为主的通都大邑。这种都会确是个生产中心。但是它们和乡村的关系却并不是像我们在上节所提到的理论那样简单。我已说过中国传统经济中曾有很发达的手工业，技术上当然很差，出品也不漂亮，但是却是乡下老百姓的收入来源。现代都会一方面把大批洋货运了进来，一方面又用机器制造日用品。结果是乡村里的手工业遭殃了。现在到乡村里去看，已经没有多少人家自己纺纱织布了。都会兴起把乡村里一项重要的收入夺走了。如果乡村里农业因之繁荣了，手工业的崩溃并没有什么关系。可惜的是农业并没有因都会兴起而繁荣起来。都会里确是需要粮食。需要增加，粮食价格不是也可以提高了么？不然。中国的现代交通只沟通了几个都会，并不深入乡村。这种特殊的，有人说这专门是为推销洋货而设计的交通系统，的确会发生向海外运粮食比向国内产粮食的乡村中去购买和运输为便宜的事情。而且，在都会和乡村之间还隔着一个市镇。

西洋货实际上运到乡村里的并不多。牙刷、牙膏之类当然用不着，就是布匹还是以洋纱土织的居多。乡下老百姓决不是和外汇发生直接关系的人。中间有市镇挡着。市镇上这些不事生产的地主们，在享乐一道上是素有训练的。他们知道洋货的长处。他们把从乡村里搜来的农产品送入都会，换得了洋货自己消费了。乡下的生产者并没有看到洋货的影子，看到了也买不起。乡村里的老百姓本来靠手工业贴补的，现在这项收入没有了，生活自然更贫穷了。他们不能不早日出售农产物，不能不借债，不能不当东西，结果不能不卖地。从与日俱增的地租、利息——且不提因政治而引起的摊派、捐税、敲诈——使他们每年留在乡村里自己消费的产物一天减少一天，大批无偿地向市镇里输送。在市镇里过一道手，送入都会。市镇里的地主的享受增加了，但是乡村的血液却渐形枯竭。

这个分析，说明了在中国的过去和现在，乡村和都市（包括传统的市镇和现代的都会）是相克的。如果我们不能改变这个局面，将来也还是这样。所谓相克，也只是依一方面而说，就是都市克乡村。乡村则在供奉都市。在这情形下，乡村没有了都市是件幸事，都市却绝不能没有乡村。我们若了解这一点，我们才能明白为什么在抗战时期，后方乡村有过一度喘息的机会，为什么工合运动可以很快地发展。我们也才能明白为什么很多地方的老百姓并不因目前军事把乡村和都市隔断而发慌。这是乡村里的老百姓所求之不得的。乡村和都市一隔断，受打击的是都市。以往近百年来，都市并没有成为一个自立的生产基地，主要的是洋货的经纪站。洋货固然没有大量地流入乡村，但是用来换取洋货的土产却几乎全部靠乡村供奉的。供奉的来源一断，除了不受偿的救济品和借来的东西外，洋货是进不来了。现在我们似乎已碰着了这个僵局。

·都市破产、乡村原始化的悲剧

自从现代交通纵贯南北的路线打通了由自然地形所划分的三大流域之后，南北朝的局面在今后历史上已不易有出现的机会。可是这都市和乡村间近百年来所累积的矛盾却终于暴露了一种新的裂痕，点线和面脱离了政治和经济的联系。在短期看，乡村离开都市可以避免农产品的大量外流，使乡下老百姓在粮食上不致匮乏以致饥荒。这本是一种消极性的反应，因为乡村一离开都市，它们必须更向自给自足的标准走。自给自足得到的固然是安全，但是代价是生活程度更没有提高的可能。回复到原始的简陋生活，自然不是解决中国经济问题的上策。可是我们也必须承认，乡村的宁愿抛离都市，老百姓宁愿生活简陋，原因是都市在过去一个世纪里太对不起乡村了。先夺去了他们收入来源的手工业，他们穷困了，更乘人之急，用高利贷去骗取他们的土地，最后他们还剩些什么可以生活的呢？乡村若决心脱离都市，对它们短期间并不会有比以往更苦的遭遇；但是都市却不能没有乡村。所以问题是发生在都市里。

都会工商业的基础并不直接建筑在乡村生产者的购买力上，现代货物的市场是都市里的居民。这些人的购买力很大部分倚赖于乡村的供奉。乡村的脱离都市最先是威胁了直接靠供奉的市镇里的地主们，接下去影响了整个都市的畸形经济。为了都市经济的持续，不能不利用一切可能的力量去打开乡村的封锁了。愈打，累积下来的乡市矛盾暴露得更清楚，合拢机会也更少。

中国的经济决不能长久停在都市破产、乡村原始化的状态中；尤其是在这正在复兴中的世界上，我们的向后转，可能在很短时间里造成经济的陷落，沉没在痛苦的海底。怎样能使乡市合拢呢？方向是很清楚的，那就是做到我在本文开始时所说的一段理论，乡村和都市在统一生产的机构中分工合作。要达到这目标，在都市方面的问题是怎样能成为一个生产基地，不必继续不断地叫乡村吸血。在乡村方面的问题，是怎样能逐渐放弃手工业的需要，而由农业的路线上谋取繁荣的经济。这些问题固然是相关的，但是如果要分缓急先后，在我看来，应该是从都市下手。在都市方面，最急的也许是怎样把传统的市镇变质，从消费集团成为生产社区，使市镇的居民能在地租和利息之外找到更合理、更稳定的收入。这样才容易使他们放弃那些传统的收入。这些市民应当觉悟，世界已经改变，依赖特权的收入终究是不可靠的，等人家来逼你放弃，还不如先找到其他合理的收入，自动放弃来得便宜。中国是否可以像英国一般不必革命而得到社会进步，主要的决定因素就在这种人有没有决心。

乡村和都市应当是相成的，但是我们的历史不幸走上了使两者相克的道路，最后竟至表现了分裂。这是历史的悲剧。我们决不能让这悲剧再演下去。这是一切经济建设首先要解决的前提。

1947年4月20日于清华新林院

论城·市·镇

我觉得，我们对于城乡关系问题的讨论，已经到了对这有关的双方——城和乡——的性质在概念上应当作更进一步加以详细检讨的时候了。记得我最初写《乡村·市镇·都会》的那篇短文中，就已感觉到应当把我们通常归入“城”的一类的社区，加以分别成“市镇”和“都会”两种形式，我那时的看法多少带了一点历史的观点，就是把没有受到现代工业影响的“城”和由于现代工业的发生而出现的“城”分开来说，前者称之作“市镇”，后者称之作“都会”。半年多以来，参考了许多朋友们的讨论，我已觉得这种分类还不够；不够的意思是说，依这分类，每个形式中还有值得再加以分类的“次形”。换一句话说，在原来所分出的形式中，还包括若干在某些方面性质相异的社区。当我们讨论时，如果不在概念上有清楚的规定，很容易因为用同一名词指着不同对象而发生混淆。我在本文中，想对于“城”这一类社区加以分析，希望能有助于今后的讨论。

·人口与城乡

怎样的社区才能算是一个“城”？这问题是很不容易确切回答的。美国人口局规定2500人以上集居的社区称之为“城”city，以别于乡。凡是居民超过10万人，其中至少要有5万人住在“市区”，近郊的区域的密度每方里150人以上的社区，称作“都会”metropolitan district。若干社会学家对于这类规定并不同意，但又没有一致的看法。譬如，Mark Jefferson 认为人口密度须每方里在1万人以上才能构成城市，而 Walter. F. Willcox 却认为1000人已足。无论他们所规定的数目多大出入，有一点是相同的，就是根据人口密度区别“城”和“乡”。

究竟人口密度要高到什么程度才算是够得上构成城市社区的资格？依我看来，这里并没有一个绝对的标准，譬如中国有很多省区的平均人口密度已超过每方里500以上的（山东615；浙江657；江苏896），这些省区里有些地方据说每方里人口可以达到6000的，成都平原平均密度就在2000以上。如果依 Willcox 的说法，这些都可称作城市社区了。这种说法显然和常识不合。如果各地的标准不必一律，问题也就发生了“怎样去决定每个地方的标准呢？”这问题也说明，单以人口密度一项来看是不能用来区别城乡了。

从人口角度去区别城乡，其实并不只是一个数量和密度的问题，而是分布的问题。这是说，人类经济生活发展到某一程度，一个区域里会发生若干人口密集的中心地点，像一个细胞中发生了核心。一个区域的核心就是“城”，核心的外围人口密度较低的地带是“乡”。如果我们对照着核心和外围来看，数量和密度上确有显著的差别，但是差别的程度却依人口集中的程度而决定，并没有一定的标准。因之我们要讨论城乡的区别就得先分析人口为什么会发生集中的形态。

在自给经济中，不论是采集、渔猎、游牧或是农业，每个生活单位可以孤立地存在时，一个区域里散布着类似的集团，并不需要有细胞核心形的中心地点。各个生活单位是一个简单的细胞，并不和其他单位合组成一个共同的细胞。它们尽可以鸡犬相闻而不相往来。

单以农业的区域来说，如果没有其他的原因，纯从耕种技术上的需要，每个农家最好是住在他所经营的土地上。这样他们可以免于运输和往来的跋涉，而且易于看守他的田地——这是散居式的社区。美国的农家大多还是散居式的，和我们聚居的村落不同（但在四川，因为地形和历史的原因，还可以看到散居的形式），经济上充分自给的农家聚居在一个地点构成村落，并不是出于耕种技术上经济的需要，而是出于社会的需要，主要的是亲属的联系和安全的保卫。在一个兄弟平均继承土地的社会中，一个农家经历了几代就可以长成一个小小的同姓村落。如果这地方的四围还有可以开垦的土地，这种村落也可以继续长大。亲属的联系使他们在一块儿居住。土地和居住地点距离增长，在经济上说是不利的。但是集居却在自卫上有其利益。农业的人民是很容易受到侵略的，除非在安全上有着保障，不必自卫，妇孺老幼加上存贮的农产品最好是集中在一个容易保卫的地点，周围加上一些防御工程，成为一个“村落”。

在我们各地乡村的建筑上很可以看得出自卫的性质。在山区不易有较大村落的地方，分散的农家常常建筑近于堡垒式的住宅，至少向外是没有窗的。在较大的村落里也有在中心区筑了围墙，在必要时居民可以撤退到这围墙之内去，每家的农产品在必要时也可以集中到这类堡垒里去。在安全较为可靠的江南乡村中，人数多，河道可以封锁的情形下，房屋的建筑式也改变了，每家并没有个别的围墙，窗门可以开向通路。

这一类多少是自给的生活单位的聚居，不论人数有多少，在性质上并不能构成我们普通所谓“城”。“城”的形成必须是功能上的区位分化，那就是说，有一个赋予某种特殊社区功能的中心区。换句话说，为了功能分化而发生的集中形式。

·衙门围墙式的城

说到这里，我想把以上统称的“城”字予以较狭的定义了。我想把这字用来指一个区域的政治中心。“城”字本意是指包围在一个社区的防御工事，也即是城墙。如我上面所说的，实际上这类防御工事可以有大有小，小到一家、一村，但是我们称作“城”的却又常限于一种较大规模的防御工事，它所保卫的是一区域的政治中心。城墙的工程浩大，费用繁重，不是被包围在内的人民所能担负的，它须是一个较大区域中人民共同的事业。除了凭借政治力量，为了政治的目的，这种城墙是建筑不起来的。

“城”墙是统治者的保卫工具，在一个依靠武力来统治的政治体系中，“城”是权力的象征，是权力的必需品。因之，“城”的地点也是依政治和军事的需要而决定的。在皇权代表的驻扎地点必然要有一个保卫的“城”。有时几个县的政府合住在一个城里，所以城墙其实是衙门的围墙。在云南，我们可以看得很清楚，县城的形势是：一半在居高临下的山丘上，一半在平地里，这是易于防守的形势。在没有山丘可以筑城的地方，沿城要掘一道环城的水道，也就是所谓“池”。城池是连成一个名词的。这条水沟也称隍，“城隍老爷”也是政治权力的象征。在城内，都有一些可以种植的田地；就是像北平、南京、苏州等一类大城，也有它的农业区。这些田地被围在城里，可以供给居民必要的菜蔬和其他不易贮藏的农产品。不但在历史上我们常读到长期守城待援的事例，就是在我们自有的经验中，城门也有时会阻碍经常的出入，那时城里的田园的重要性就显著了。最理想的“城”是一个能自足的堡垒。

这种城区在人口上并不一定比村落为多为密。在云南有许多县城，譬如呈贡，在人数上较附近的村子为小。但是这种有着较坚固防御工事设备的城区有它吸引人口的力量。许多脱离劳作不必经常在乡村里居住的拥有较易注目的财富，而且继续和农民维持剥削关系的地主们，在乡村里住着并不安全。他们就被吸收到这类“城”里去了。从积极方面说，他们要维持剥削关系必须凭借政治势力，必要时得动用政府的武力，靠近政治中心居住可以使他们和政府的关系拉得紧些。地主们集居到这类城里来了之后，增添了这类社区的经济特色。他们在四乡带来了财富，而且经常地依靠地租，吸收着四乡的农产品。这笔财富一部分是被地主们所消费了，一部分被利用来成为继续吸引四乡财富的金融力量。

为了地主消费的需要在城里或城的附近发生了手工业的区域。他们从事于各种日用品的生产，供给地主们消耗。地主集中的数目多，财富集中的力量雄厚，这类手工业也愈发达，手艺也愈精细，种类也愈多。成都、苏州、杭州、扬州等可以作这类“城”的最发达的形式。为了各个城里货物的流通，以及各地比较珍贵的土产的收集，在这种城里商业也发达了起来。这种城的经济基础是建筑在大量不从事生产的消费者身上，消费的力量是从土地的剥削关系里收吸来的。

地主们除了从地租获得他的收入之外还利用他的资本作高利贷、典当、米行等一类金融性质的活动来增加对乡村的吸血。我在云南一个县城里调查高利贷活动的情形时，有一位熟习这情形的朋友告诉我：“城里这些人全是放债的。”这句话并非完全系事实，只是指放债的人很多的意思。典当是高利贷的一种方式。米行在性质上也富于金融性质，在谷贱时向乡间收米，米贵再卖给乡间；但是也有一部分是卖给城里的工人，以及运往其他地方去的，是一种商业。而且乡间出卖的是谷子，到了城里才碾成米。碾米的工作，有时用水力，现在已大多用柴油机和电机，是最基本的农产品加工的作坊工业。因之，在这类城里也有这类作坊工业。

不论附属于“城”的工商业怎样发达，在以地主为主要居民的社区里，它的特性还是在消费上。这些人口之所以聚集的基本原因是在依靠政治以获得安全的事实上。

·贸易里发达出来的市和镇

乡村里农家经济自给性固然高，但并不是完全的，他们自身需要交换，而且有若干消费品依赖于外来的供给，这里发生了乡村里的商业活动，在这活动上另外发生了一种使人口聚集的力量。这种力量所形成较密集的社区我们可以称之为“市”，用以和“城”相分别。

在中国内地还通行着临时性的市集，各地方的名称不同：街、墟、集、市——但都是指以生产者之间相互交换为基础的场合。生产者并不需要天天做买卖，所以这类市集常是隔几天才有一次，在云南普通是6天一街。赶街的那一天，各村的乡民提着他们要出卖的东西上街，再用卖得的钱去买他们所要的东西。街子有大小（依交通方便和附近人口的数目而定），大的可以有几万人，昆明附近的龙街、狗街、羊街等都是这种大街子。在高地望下去，像个人海，挤得真是摩肩接踵。但是这种热闹场面并不是长久的，一到太阳偏西，一个个又赶着回家；黄昏时节，只剩下一片荒场。

街子式的市集并不构成一个经常的社区，它不过是临时性的集合，本身只是一个地点，依着交通的方便而定。为了要容得下大量的人数，所以这地点必须有一个广场。但是商业活动逐渐发达，市集的集合逐渐频繁，在附近发生了囤积货物的栈房。居民需要外来货物的程度提高了，贩运商人不必挑了货担按着不同市集循环找卖客，商店也产生了。从商业的基础长成的永久性的社区，我们不妨称之作“镇”。

在太湖流域，水道交通比较陆路交通方便，镇也特别宜于发达。在我所调查过的江村，有着一种代理村子里农家卖买的航船。一个航船大概要服务100家人家。每天一早从村子里驶向镇里，下午回村。我所观察过的镇经常有几百个航船为几万农家办货。镇里的商店和个别的航船维持着经常的供应关系。这样大的一个消费区域才能养得起一个以商业为基础的镇。这种镇在内地是极少见的。

市镇和城不但在概念上可以分开，事实上也是常常分开的。在云南这种情形可以看得很清楚。昆明这个大城的附近就围绕着六七个很大的街子。当然昆明城里的商业也很发达，但是这不是乡民所倚赖的市场。正义路上的百货公司的金店，晓东街的美货铺面，甚至金碧路上的广货和越货店——它们的顾客是昆明的居民以及各县城里来采办的商贩，不是四乡的农民。农民的商业不在昆明，而在昆明附近的街子上。

更清楚的是在居民不多的县城里。以昆明南的呈贡说，县城里虽有一条街，但是市集却不在城里，而在离城约15分钟的龙街。县城和市集遥遥相望，并不并合在一起。那是因为这两种社区的性质是不同的，前者是以政治及安全为目的，所以地点的选择是以易守难攻为主要考虑之点。而后者是以商业为目的，地点必须是在交通要道，四围农村最容易达到的中心。以太湖流域的情形说，我的故乡吴江县的县城在商业上远不及县境里的镇，好像震泽、同里都比吴江县城为发达。在清代，震泽和吴江分县的时候，两个县政府却一起挤在这荒凉的县城里，不利用经济繁荣的镇作政治中心，也表现出“城”和“镇”在性质上的分化。

城和镇在表面上有着许多相似之处，那因为镇也是地主们蚁集之所。在经济中心里住着，地主们可以有机会利用他的资本作商业的活动，但在传统社会地位来说，镇里的商人地主没有城里的官僚地主为优越。这种传统逐渐消失之后，镇的地位事实已有超过了县城的。镇上经济的繁荣，商店的发达，同样要一批手工业的匠人来服役，因之在这方面很类似于城。

本文中想特别提出城和镇的两个概念来，目的是想指出这两种性质上不完全相同的社区，它们和乡村的关系也有差别。这里所指的城，那种以官僚地主为基础的社区，对于乡村偏重于统治和剥削的关系；而那种我称作镇的社区，因为是偏重于乡村间的商业中心，在经济上是有助于乡村的。

最后让我补一笔，在很多事例中，城镇可能是合一的，我在本文中，因为注重于社区的分类，所以着眼于比较单纯的事例，两种形式的混合是不免的，但是为了分析的方便，我们在概念上最好能分开来。

如果我们要分析现实的社区，还得增加一个概念就是“都会”。我在本文里不能对这一个概念多加说明，只能简单地说，它是以现代工商业为基础的人口密集的社区。但是中国的都会性质上也不能完全和西洋的都会相比，因为它主要的经济基础是殖民地性质的。它可以说是西洋都会的附庸。关于这一方面，我想留到以后再分析了。

不是崩溃而是瘫痪

·崩溃之谜

“中国似乎是一切原则的例外”——的确，中国在现代西洋人，或是熟习西洋观念的人，看来多少是个谜。譬如说目前的经济，已经有过不少人预测说，总崩溃就在眼前了；可是一关一关，似乎还是在拖，而且也好像还是拖得过去。这样很使不少人觉得拖是一个万应灵丹了。拖拖也许会拖得出头，正如抗战一般，拖到胜利；经济的困难是不是也可能拖到繁荣呢?

要中国的经济霍然崩溃我想是不太可能，但是拖却拖不出繁荣倒是一定。小农经济不会崩溃只会瘫痪。瘫痪是慢性的，逐渐加深的。慢性和逐渐加深的病并不是轻症。医生和病人都最怕这种深入每个细胞的瘫痪。在病人说，急性的病，就是不治，痛苦也受得少；瘫痪才是活受罪。在医生说，急病一定求治得早，开刀上药还来得及，慢性的瘫痪要使病人了解非求医不成时，大概已深入膏肓，不能治了。

在工业化的现代经济里，如果出起毛病来，常常是成为头条新闻的，干脆、明白，每个人都看得到，因为没有人能不受影响。崩溃、危机等字都是用来形容现代化的经济现象的。譬如英国去冬的煤荒，星期二动力部长在阁议里还在盼望可以安渡难关，星期五宣布紧急方案，星期一半个英国停电停工，星期三全国停电停工——真像是闪电式的。这叫作“危机”。

美国1929年的不景气也是有一点迅雷不及掩耳，3月里胡佛上台时，“有史以来没有比现在更繁荣了”。10月21日，证券市场有一点小风波，三天之内，风暴掀天，一百二百万的股票转了手，到29日，一星期又一天，证券市场崩溃了，持券人损失了15亿美元。

有人以为中国年来物价一跳一跳，总会跳到“霍然崩溃”的程度，可是这似乎早应降临的不幸，总是被拖了下去。我不敢预言在若干都市里不会有些类似闪电式的大事件发生，但是以整个中国的经济说，却显然在沿着另一种公式进行，是日渐瘫痪，一直到溃烂不治。

现代工业国家会有惊人的危机发生是因为它们的经济是一个密切相关的分工体系，牵一脉动全身的。像一部机器，即使是一个小零件损坏了一些，全部机器就会停下来。正因为这样，它们的经济危机并不是每一部门的败坏，而常是某一部门受到阻碍，或是活动周转不灵。它们只要把零件修好了，或是阻碍活动的因素矫正了，全部机构又可以上轨道照常运行。危机之后可以接着复兴，甚至可以繁荣。现代经济的危机不过是生产的停顿，并不是指生产能力的败坏。依我上面譬喻说是急性病，身体的元气是没有伤的，如果治得快，复原也快。

我们没有这种危机，有的是每个细胞逐渐在瘫痪。病害得重得多，是沉疴不是险症。

・小农经济的坚韧

中国经济的基本结构是一个个并存排列在无数村子里的独立小农。在小农之间很少分工。大家种同样的作物，大家从他自己的土地上得到各人生活上基本需要的粮食。邻舍如果病了，不能耕种，并不会使自己的生产活动受到阻碍。说得刻薄一点，这正是一个帮工得些外快的机会，至少也可以卖个人情。

我们的农业还没有进步到大量种植商品作物的程度。美国大部分农民并不是种植供给自家消费的作物的。他们种了东西，预备出卖。麦子、烟草等等自己不用，所吃的面包和香烟还得向店里买。这种农业才是整个分工的经济中的一部门，所以会发生农产品卖不出去，用来当燃料等事。这种农民才会遭遇经济危机。

商品作物在中国农业中只占很小的部分。大多数的农民是为了自家的消费而生产的。从佃户说，他得缴纳一部分农产品给地主，这是供奉，不是商品。农家的经济是尽力求自给。当然，农家并不是样样东西都靠自己的，他们可以买些香烟、耳环之类，而且以现在情形说，布匹也大多是购买的了。因之，他们总得出卖一部分农产品才能购买这些东西。但是这和现代经济的互相倚赖性是不同的。第一，这些农民现在所依靠都市供给的并不是他们生活上不能长期缺乏的物品。在抗战年头，我们自己都经验到两三年不买衣料还是可以过得去的。第二，这些物品的缺乏更不会影响到农业生产。农业上的工具，不但简单，而且都是可以长久使用的。所以我虽不说中国农家全是自给，但是我却认为他们在相当长的时期内是可以自给的。

在这种小小的生产细胞中，不但消费可以自给，生产要素也是高度的自给。劳力是靠自己下田，必要时和别人换换工。劳力的自给更加强了农业经济的韧性。如果一块土地是雇工来耕种的，这块土地上的出产必须高过所付的工资；而工资的决定又要看在这地方其他受雇机会中能得的数目；低过这数目，工人会到别的部内去卖工，不到农田上来了。因之，工资可以规定一块地是否值得耕植，所谓土地利用的边际。但是在劳力自给的农家，他们并没有工资这问题。“反正也没有其他用处”的劳力，无论怎样，只有在田里讨生活。土地不好，收成坏，并不能发生“不值得耕”的边际。他们是以生活程度来迁就现实的。生活程度是个别的，是大有伸缩性的。农业生产直接和这一直可以降到死亡的生活程度一沟通，除了死亡的威胁似乎很少可能使农民自动放弃耕作，于是农业生产停顿也成了不太容易发生的事了。

·天灾和逃荒

这种小农经济里会不会生产停顿的呢？——会的。什么时候会停顿呢？——遭到了灾。我们说话时“灾”字之下常连着个“荒”字。荒是指农业生产的停顿，灾是指土地无法耕种的情形。成灾的原因最普通的是自然的变化，所谓天灾。农作物的生理决定了它能生长的环境。大旱大水，可以成灾。除了人想收获农作物的果实外，还有其他动物也在觊觎，蝗虫螟虫等等无不是与人争收的，在人看来也是灾。

灾是农业的威胁，对此除了祈祷烧香，立庙供奉之外，农民们并没有积极控制的方法。所幸这些出于自然原因的灾并不常常不留余粒的。灾有轻重。虽则中国农民从来就没有和灾分过手，七八成的收成已经说丰年，标准很低；但是事实上太重的灾也只限于较小的区域，并不常在广大的平面上赤地千里的。一个区域里的农民成灾到不能以降低生活程度的手段来应付时，实在没有粮食时，传统的办法是“逃荒”。像我这种在太湖流域里长大的孩子，绝不会忘记一年一度甚至几度的“难民到了”的恐怖。这就是所谓“就食江南”。运粮食到灾区去救济显然不是老办法，因为这是需要比较廉洁和有效的行政机构，大概这是我们向来所不常有的。逃荒很可能是我们人口移动的经常原因。汉丁顿氏论中华民族性时特别重视这个现象。慷慨的，有同情心的人不容易不顾一切地就道，结果是被淘汰了。身体弱的，不容易适应别地水土的人在路上死了。留下的是代表着我们民族性的一辈肯低头、自私、不康健却也不容易死的难民们。

从经济的角度去看逃荒，这是些微有一些像现代经济危机般会蔓延的。这蔓延并不是有机性的，而是机械性的。灾区里的难民拥到了附近比较好的地方，如果这地方所有的粮食只够自己吃的，经这批难民来一挤，也变成不够吃的灾区了，于是只有加入难民团体一起出外就食了。这些难民一方面是边走、边死，另一方面是边走、边增；一直要到有余粮可以挡住他们前进的地方才停得下来。淮河流域的难民，逃荒可以一直逃到太湖流域，而且依我童时的记忆，这是每年必有的现象。

在自己粮食不够敷余的地方逢着逃荒的到来，冲突是可能发生的。如果灾区大，难民众，这个行列不能不借武力来获得救济时，也就成了我们历史上常见的各种各式的所谓“寇”和“贼”了，但是也有不少是从这些贱称中蜕变成为“王”为“帝”的——这是我们小农经济中相当于现代工业经济中危机的现象。

·排斥了救济的瘫痪

在救济事业的发达下，上述那种逃荒的现象可不致大规模地发生了，去年湘桂的灾荒情形相当严重，如果不是发生在去年，很可能会引起历史性的混乱，但是去年正有着经常的救济机关，而且这机关又拥有雄伟的资力，足以在短期间把外洋面粉投入灾区，至少把灾区封住没有蔓延开来。

天灾还是容易看得到的病症，所以救济工作还能及时办到。现在我们所患的病，却比灾荒更深入。这是人造的灾荒，普遍的和继续的在把劳力和土地隔开，把劳力和农时隔开，结果是土地的荒废。土地荒废就等于农业停顿。

农民可以黏紧在土地上，以降低生活程度为手段去开垦不太有利的土地，还是以能免于一死为条件的。我充分承认在中国人命确已如草芥，但是求生的努力还是一切活动的动力。如果这一点都不能给他们，他们并没有理由真的爱土如命，还是不肯放弃土地，不让土地荒废的。

现在差不多已到了这地步。多年战争的结果，本来可以增加国民收入的种种作业一项一项地关闭了。工业停了，渔业不成了，唯一还能继续生产的只有我们这片土地了。于是大家的生活都得依靠这土地了。不但如此，一切的费用包括大规模在消耗中的弹药，大批向外洋输送中的钱财，最后都得要这片土地来担负。公务员和军人感觉物价高了，还可以向政府要求加薪，要求配给粮食；可是政府哪里来粮食，还不是向这片土地要？通货膨胀了，物价高，公务员和军人生活苦，而这苦很快地摊派一大部分到农民身上去了。本来可以维持耕种者生活的土地，加上了这摊派，根本没有维持耕种者生活的能力了，在这里发生了一个很奇怪的现象，就是不耕种的人反而可以有粮食吃，耕种的人却没有饭吃了。到了这时候，人要求生的话，只有放弃土地了，在前年年底，我们在云南乡下已看见农民把田契贴在门上全家离乡的事件。事隔一年半，这已是到处都在发生的现象了。报章杂志上关于乡村的通信，很少不记载着这类情形。把巨大的战争担负压到土地上去，必然会把人和土地挤开来的。

中国的耕地本来已经有很大的部分是不能给人温饱以上的报酬的，换一句话说，土地利用的边际实在已经太低；所以一遇着较重的征税，立刻承当不起。比较好的土地是否还能维持耕种呢？并不。在抗战初年后方乡村中壮丁不是被征，也已经逃亡，这是征兵的结果。抗战结束后，征兵的区域更广了，政令所到的地方，人口逃亡的情形是不免的。这还只是减少劳力而已。更重要自然是直接受到战事的地方。粮食和劳力愈不易得，为了充实自己，削弱敌人，凡是两军争夺的区域，粮食和劳力的争为己用也成了军略上必需的要着。粮食的真空地带，人是住不下的，人走了土地也就不会再出粮食了。

更使情形严重的是农业富于季节性。在任何时候，给战争破坏过的地方，虽则破坏的本身可能只有短期，但必须等到一季之后才能再行种植。这样，使战争所到之处不但当时遭殃，而且要长期停顿在不生产的状态中。

这是我所谓经济瘫痪的意义。静悄悄的，荒芜的土地跟着战区的扩大而推广。一家一家的小农离开了生产事业。他们吃还是要吃的，性质上和逃荒并无不同，可是这些应该急速予以救济的人造灾民，却并不加以救济，反而因为他们不纳粮，不应征，加以迫害。这些人成了战争的对象，也成了战争的主力，战争因之更扩大，在这公式下，一直可以蔓延开去。中国经济中生产细胞逐一破坏，形成瘫痪。

瘫痪是慢性的崩溃，可是并不使经济结构突然受阻，在还有可以生产的细胞时，还是可以维持着半身不遂的局面，这就是拖。拖并不会拖出希望来的，每增加一个失去生产效能的细胞，也必加重一分生产细胞的担负和缩短一分生产细胞的寿命。

瘫痪是排除救济的灾荒，因为这是人为的灾荒，自然不能盼望制造灾荒的人自己去予以救济。在本质上原是和经济崩溃和灾荒相类的，但是在打算挽救这一点上却远没有这二者的简单。

这沉疴是愈拖愈深了。眼看一个一个细胞在破坏，眼看生产部门，一门一门在封闭，而大家还是在拖，一直要拖到没有了健全的、生产的细胞为止，那时候：即使有机会改弦易辙，想走上建设的路，每一个零件都已经腐败了的机器是用不成了的。瘫痪是在腐蚀生产的能力，比了生产停顿的经济崩溃严重得多。

1947年5月22日于清华新林院

基层行政的僵化

·题前的话

自从政治效率问题被视作了中国是否还能得到国际尊重的关键后，朝野在不愉快的心情下对此似乎已有相当警惕。不论任何性质的政府，也不论政府有任何政策，如果让贪污和无能腐蚀了行政效率，一切都是落空的，国事只有日趋恶化，这一点已没有人否认。因之，不论各人政见怎样不同，提高行政效率必是大家的共同愿望；因之，我相信，在这共同愿望下大家应该有推诚讨论的雅量和热忱。这是我这篇短论的基本假定。

目前对于社会上普遍的贪污无能的现象有两种看法。一部分人认为这是“人心不古，道德堕落”的结果。他们把这罪恶归咎于若干豪门，希望有几个当代的“包龙图”那种铁面无私，明察秋毫的传奇人物出现，只要把这些“老虎”开了刀，或是退求其次也得杀几只鸡给猴子看看，吏治就会澄清，行政效率立刻会提高。这自是大快人心之事，在心理上可以一新耳目振作起来。且不论传奇人物是否真有出现可能，即使出现了，偶然的斩了几个头，是否会像野火般烧过了，春风来时，更成了荒草的一片沃土？

另外一种看法，多少是想开脱个人和政府的责任，认为贪污无能是中国由来已久的暗疾，这是个文化和社会问题。他们可以举出事实来证明这看法：哪家老妈子买菜不虚报账目？哪场草台戏开场不是以抬元宝接在跳加官的后面？把责任推给了祖宗，就好像可以自己洗手，咎不在我，要改良也得慢慢来了。我们刚因不愉快的公开指摘，不能再讳隐暗疾，却又以老病无医来自宥，这是可怕的。

我同意说这是社会文化问题，但并不包含和个人无关的意思，只是说这不是一两人觉悟或悔改就可以了事的；正因为这是有关很多人，和控制这许多人行为的社会习尚的事，所以保管和执行社会权力的政府责任更大。同时正因为这是积疾，不能头痛医头，脚痛医脚，必须及早求七年之艾，立刻应当着手治疗，耽搁不得。

如果政府里的负责人真挚地觉悟这有关国家生存的严重暗疾是一个社会和文化问题，他们就应当明白，一两道命令决难见效，必须准备痛下决心在社会和文化各方面力求适当的改革。从何改革起呢？于是必须有确切的诊断。因之，初步必需的工作是充分的和虚心的检讨，开放舆论，让社会各方面对这问题能有无所顾忌的发表意见的机会。我着重“无所顾忌”四字，因为这些意见必然会令人听来不太愉快的。良药难得是不太苦口的。这类严重的问题如果在英国发生，他们国会一定要组织皇家委员会进行多方面的考查和研讨，征集民间的意见，提出报告。在英国这类报告是有名的，而且是有力的。我不敢希望我们能做到这程度，但是总希望能在民间有一个富于建设性的检讨运动。这是我写这篇短论的基本希望。

行政效率的低落，贪污无能，原因很复杂，但并不是无从了解的原因所造成的。因为原因众多所以绝不是三字口诀所能表达。我在这短论里只能从一个角落里去分析这问题的一方面。我想提出来讨论是地方基层行政，这是普通不太注意但是和老百姓生活最密切的一层。我所根据的事实是我和几位同事直接在云南乡村观察所得的。我虽则相信中国各地情形不完全相同，但是在这里想分析的若干原则问题，据我询问所及的，却也相当普遍。如果我在以下所说的不合于某些地方的实情，我极愿意知道，而且愿意修改我这里的结论。

·传统皇权的无为主义

中央集权的行政制度在中国已有极长的历史。自从秦始皇废封建、置郡县以后，地方官吏在原则上都是由中央遣放的。而且在传统规律中曾有当地人避免做当地官吏的惯例。从表面上看来中国以往的政治只有自上而下的一个方向，人民似乎完全是被动的，地方的意见是不考虑的。事实上果真如是的话，中国的政治也成了最专制的方式，除非中国人是天生的奴才，这样幅员辽阔的王国，非有比罗马强上多少倍的军队和交通体系，这种统治不太可能维持。不论任何统治如果要加以维持，即使得不到人民积极的拥护，也必须得到人民消极的容忍。换句话说，政治绝不能只在自上而下的单轨上运行。人民的意见是不论任何性质的政治所不能不加以考虑的，这是自下而上的轨道。一个健全的、能持久的政治必须是上通下达，来往自如的双轨形式。这在现代民主政治中看得很清楚，其实即是在所谓专制政治的实际运行中也是如此的。如果这双轨中有一道淤塞了，就会发生桀纣之类的暴君。专制政治容易发生桀纣，那是因为自下而上的轨道是容易淤塞的缘故。可是专制政治下也并不完全是桀纣，这也说明了这条轨道并不是永远淤塞的。

中国以往的专制政治中有着两道防线，使可能成为暴君的皇帝不致成为暴君。第一道防线是政治哲学里的无为主义。这是从经验里累积出来的道理。中国历史上并不是没有主张过甚至试验过用政治权力来为国家社会多做些事的。商鞅变法，增加了政府所做的事情，也可以说实现了政治的能力，结果国富民强，打下了秦国统一天下的基础，但是商鞅在传统的批评下是被诅咒的，他个人的不得善终被视作天道不爽的报应。王莽、王安石又是我们熟习的史例。他们违背政治上的无为主义，结果都失败了。为什么呢？同情他们的人惋惜当时“反动势力”的阻梗，其实忘了这几位想把政治的权变成能的人物，都忽略了在法律范围管不住皇帝的专制政治下，政府的有为只是在自上而下的单轨上开快车。政府所做的事是否能为人民所接受无从知道，而且即使有一些政策是人民所拥护的，但是人民并没有保证每一个政策都是合于他们意思的。单轨上的火车开快了，一旦开出了民意之外，遭殃的还是人民。天下没有人能信任无法控制的野马，是有理由的。西洋的政治史是加强对权力的控制，使它逐渐向民意负责，那就是宪法；中国的政治史是软禁权力，使它不出乱子，以政治的无为主义来代替宪法。这是我所谓防止专制政治发生暴君的第一道防线。

现在我们可以认为这种无为主义的不彻底，要不得，这是因为现代生活中我们必须动用政治权力才能完成许多有关人民福利之事的缘故。在乡土性的地方自足的经济时代，这超于地方性的权力没有积极加以动用的需要。这不但在中国如此，在西洋也如此。宪法是现代的产物，在现代之前，西洋的政权是受着神权的牢笼。就是在现代工业发达之前所成立的美国宪法，主要的哲学还是“最少管事的政府是最好的政府”的无为主义。也许因为我们儒家的思想在统治阶级中支配力量太大，所以我们在过去不必在制度上去作有形的牢笼来软禁政权，以致到现在还没有宪法的传统。

·由下而上的政治轨道

在这篇短论里我想着重的倒不是第一道防线，而是第二道防线。我们以往的政治一方面在精神上牢笼了政权，另一方面又在行政机构的范围上加以极严重的限制，那是把集权的中央悬空起来，不使它进入人民日常有关的地方公益范围之中。中央所派遣的官员到知县为止，不再下去了。自上向下的单轨只筑到县衙门就停了，并不到每家人家大门前或大门之内的。普通讲中国行政机构的人很少注意到从县衙门到每家大门之间的一段情形，其实这一段是最有趣的，同时也最重要的，因为这是中国传统中央集权的专制体制和地方自治的民主体制打交涉的关键，如果不弄明白这个关键，中国传统政治是无法理解的。

这关键得从两面说起，一面是衙门，一面是民间。先从衙门说：我说中央所派的官员到县为止，因为在过去县以下并不承认任何行政单位。知县是父母官，是亲民之官，是直接和人民发生关系的皇权的代表。事实上，知县老爷是青天，高得望不见的；衙门是禁地，没有普通老百姓可以自由出入的。所以在父母之官和子民之间有着往来接头的人物。在衙门里是皂隶、公人、班头、差人之类的胥吏。这种人是直接代表统治者和人民接触的，但是这种人的社会地位却特别低，不但在社会上受人奚落，甚至被统治者所轻视，可以和贱民一般剥夺若干公权。这一点是很值得注意的，因为这是最容易滥用权力的地位，如果在社会地位上不用特殊的压力打击他们的自尊心，这些人可以比犬狼还凶猛。当这种职司的人在社会地位上爬不起来时，他即使滥用权力，并不能借此擢升，因之他们的贪婪有了个事实上的限制。

在无为主义政治中当地方官是近于闲差，我们可以在历史上看到很多在这职务下游山玩水，发展文艺才能的例子。他们的任务不过于收税和收粮，处理民间诉讼。对于后者，清高的自求无讼，贪污的虽则可以行贿，但是一旦行贿，讼诉也自会减少，反正要花钱，何必去打官司呢？差人的任务也因之只限于传达命令，大多是要地方出钱出人的命令。

如果县政府的命令直接发到各家人家去的，那才真是以县为基层的行政体系了。事实上并不然，县政府的命令是发到地方的自治单位的，在乡村里被称为“公家”那一类的组织。我称这类组织作为自治单位是因为这是一地方社区里人民因为公共的需要而自动组织成的团体。公共的需要是指水利、自卫、调解、互助、娱乐、宗教等。这些是地方的公务，在中国的传统（依旧活着的传统）里是并非政府的事务，而是由人民自理的。在这些公务外还有一个重要任务就是应付衙门。

我把应付衙门这任务和其他地方公务分开来说是有原因的。在自治组织里负责的，那些被称为管事和董事等地方领袖并不出面和衙门有政务上的往来。这件事却另外由一种人担任，被称为乡约等一类地方代表。在传统政治里表面上并不承认有自下而上的政治轨道。君要臣死，臣不得不死。违抗命令就是罪名。但是自上而下的命令谁也不敢保证一定是人民乐于或有力接受的。所以事实上一定要敷下双轨。衙门里差人到地方上来把命令传给乡约。乡约是个苦差，大多是由人民轮流担任的，他并没有权势，只是充当自上而下的那道轨道的终点。他接到了衙门里的公事，就得去请示自治组织里的管事，管事如果认为不能接受的话就退回去。命令是违抗了，这乡约就被差人送入衙门，打屁股，甚至押了起来。这样，专制皇权的面子是顾全了。另一方面，自下而上的政治活动也开始了。地方的管事用他绅士的地位去和地方官以私人的关系开始接头了。如果接头的结果达不到协议，地方的管事由自己或委托亲戚朋友，再往上行动，到地方官上司那里去打交涉，协议达到了，命令自动修改，乡约也就回乡。

在这种机构中，管事决不能在公务上和差人接头，因为如果自治团体成了行政机构里的一级，自下而上的轨道就被淤塞了。管事必须有社会地位，可以出入衙门，直接和有权修改命令的官员协商。这是中国社会中的绅士（参考拙作《论绅士》）。

在这简单的叙述中我希望能说明几点：一、中国传统政治结构是有着中央集权和地方自治的两层。二、中央所做的事是极有限的，地方上的公益不受中央的干涉，由自治团体管理。三、表面上，我们只看见自上而下的政治轨道执行政府命令，但是事实上，一到政令和人民接触时，在差人和乡约的特殊机构中，转入了自下而上的政治轨道，这轨道并不在政府之内，但是其效力却很大的，就是中国政治中极重要的人物——绅士。绅士可以从一切社会关系：亲戚、同乡、同年等等，把压力透到上层，一直可以到皇帝本人。四、自治团体是由当地人民具体需要中发生的，而且享受着地方人民所授予的权力，不受中央干涉。于是人民对于“天高皇帝远”的中央权力极少接触，履行了有限的义务后，可以鼓腹而歌，帝力于我何有哉！

· 自治单位完整性的破坏

在上述那种行政机构中，无能不是个恶名，贪污也有个限度，行政效率根本不发生问题。和人民直接有关的公务，有着地方自治团体负责，而地方自治团体是人民自己经营的具体有关生活和生存的事的，所以效率是不能低的。在云南呈贡化城的人民如果娶了亲不生孩子每年都要受公家的罚，甚至于打屁股。宗教的、习俗的制裁力支持着这些自治团体的公务。皇帝无为而能天下治的原因是有着无数这类团体遍地地勤修民政，集权的中央可以有权无能，坐享其成。

可是乡土性的地方自足时代是过去了。超过于地方性的公务日渐复杂，要维持这有权无能的中央是不合时宜了，这一点任何人都应该承认的。事实的需要使中央的任务日益扩大。这扩大并不引起制度上的困难，因为中国的传统本是中央集权的，甚至可以说，在法律上中央的权力可以大到无限。于是防止权力被滥用的第一道防线溃决了。无为主义的防线的溃决我们不必加以惋惜，这本是消极的办法，不适用于现代社会。我在本文中想提出来检讨的是第二道防线，在专制和集权名义所容忍着的高度地方自治。保甲制度的推行把这防线也冲破了。

保甲制度是把自上而下的政治轨道筑到每家的门前，最近要实行的警管制更把这轨道延长到了门内。保甲制度有它推行的原因，自上而下的轨道半途停下来，像传统的形态，对于政令的执行是不易彻底的。为了要在这单轨上开快车，轨道是延长了。保甲制度本来是有意成为基层的自治单位，从这起点筑起一条公开的自下而上的轨道，实现现代的民主政体。如果能贯彻这目的自然是好的。设计这制度的人却忽略了一点，政治是生活的一部分，政治单位必须根据生活单位。生活上互相依赖的单位的性质和范围却受着很多自然的、历史的和社会的条件所决定。我们绝不能硬派一个人进入一个家庭来凑足一定的数目。同样的地方团体有它的完整性。保甲却是以数目来规定的，而且力求一律化的。把这保甲原则压上原有的地方自治单位，未免会发生格格不入的情形了。原来是一个单位的被分割了，原来是分别的单位被合并了，甚至东凑西拼，支离碎割，表面上的一律，造成实际上的混乱。

生活是不能在混乱中继续下去的，于是在乡村中常看到重叠的两套。一套是官方，一套是民方。如果官方那一套只是官样文章，那倒也罢了；事实上这一套却是有着中央权力的支持，民方那一套却是不合法的。于是官民两套在基层社会开始纠缠。

· 政治双轨的拆除

问题的严重以致僵化是发生在保甲的人选上。保甲是执行上级机关命令的行政机构，同时却是合法的地方公务的执行者。这两种任务在传统结构中由三种人物分担：衙门里的差人，地方上的乡约和自治团体的领袖管事。现在把这三种人合而为一是假定了中央的命令必然是合于人民意愿和地方能力的。这假定当然是堂皇的，但是比了传统任何皇权的自信还大。从这假定中发生的中央和地方合一的保甲制度发生了许多事实上的困难了。

即使到现在，很多地方凡是有地位的人是不愿做保长的，传统的绅士为了他在政治结构中的特殊作用不能进入行政机构。他一旦走了进去，唯一的自下而上的轨道就淤塞了。保长对于县长是下属对上司，他的责任是执行命令，不能讨价还价。为了维持这传统方式，当保长的常是社会没有声望的人，等于以前的乡约。可是事实上保长和乡约是不同的，乡约是没有权力的，而保长却有权力。以并不代表地方利益的人来握住地方的权力，而且他是合法的地方公务执行者，他有权来管理地方的公款，这变化在地方上引起的迷惑是深刻的。结果是地方上有地位的人和保长处在对立的地位而没有桥梁可通。

乡村里有声望的人为了自己的利益，放弃地方立场加入行政系统，较为合算。他当了保长之后还是可以支配地方自治事务。但是事实上，他的地位改变了，因为他不能拒绝上级命令，不能动用自下而上的政治轨道，这类地方也就完全成了下情不能上达的政治死角。受不了时只有革命了。

保甲制度不但在区位上破坏了原有的社区单位，使许多民生所关的事无法进行，而且在政治结构上破坏了传统的专制安全瓣，把基层的社会逼入了政治死角。而事实上新的机构并不能有效地去接收原有的自治机构来推行地方公务，旧的机构却失去了合法地位，无从正式活动。基层政务就这样僵持了，表现出来的是基层行政的没有效率。

中央延长自上而下的政治轨道，目的是在有效促进政令。中央的政令是容易下达了，可是地方的公务却僵持了。中央下达的政令中，除了要钱要人之外，凡是要在地方上建设的事，好像增产等等，却因为地方社会结构的紊乱和机构的僵持，公文停留在保公所里，走不出来。在这种情形下，不论才能有多高，绝没有施展的机会。别人批评行政人员无能，我很觉得不平。

从乡村的基层看去，使我觉得行政效率的丧失，人的因素可能不及制度，也许应当说政体为大。制度上发生的病症必然是有历史性的，所谓历史性并不是说这是宿疾，由来已久。在过去，如果几千年来，我们一直生着像现在这样严重病，带病延年也决不能延得这样长。现在的病症是从我们转变中发生的。我们必须在历史背景中，才能了解这病源，但是得病的责任并不是我们祖宗，而是我们自己。

依我在上边的分析，也许可以看到，基层行政的僵化是因为我们一方面加强了中央的职能，另一方面又堵住了自下而上的政治轨道，把传统集权和分权，中央和地方的调协关键破坏了，而并没有创制新的办法出来代替旧的。我们似乎有意无意地想试验政治单轨制。一个历史上从没有成功过的方式，目前所遭遇的政治上的严重局面，也许值得我们彻底自省，及早改变这企图了罢。

再论双轨政治

上月我写了一篇《基层行政的僵化》，在《大公报》发表之后，半个月里我接到了若干相识的和不相识的朋友们的来信。秋来气候变得太激烈，旧疾时发，执笔维艰，未能一一答复，因之我想在这里再借《大公报》的一栏篇幅把上文未尽之意，或是可能引起误会的地方，加以申引说明。

·批评者的论点

有一位朋友很率直地问我是否想做司马光。他说："自历史言，保甲制固曾中衰，然彼一时也，此一时也。彼时交通不便，行政人员又未受训练，加以主其事者刚愎自用，所托非人，以致未见实效。今则不然，上述之阻碍已不存在，更有进者，吾国现处数千年之大变局，兴革万端，而人民之程度犹未达自觉之境，故所兴所革必自上为之，保甲制乃深入民间之执行机构，正宜加强其效力，而先生反提回原之论，其将以现代之司马光自期乎？先生岂知腐儒之已成历史之陈物乎？”

我是否想做司马光，无关宏旨，不必置论。在这段话里，在我读来，却包含两个很重要的论点，我愿意代为发挥一下：

一、传统皇权的无为主义是出于客观情势的限制，包括技术和行政的条件。这些限制使企图加强中央对地方权力的改革家无法贯彻他们的主张。司马光之流的“腐儒”不过是在客观条件所发生的事实结果上做做文章罢了，并没有实在的力量。现在客观情势已经改变，中央集权事实上已经可能，而且跟着铁路、公路、飞机的应用，大一统的局面业已在形成中，这时需要的应当是怎样因势适情地去加强这集权制的机构，现代司马光不会发生作用的。

二、为什么要集权呢？这位朋友也提出了一个值得我们考虑的意见。中国社会的需要现代化并不是由于自身矛盾的爆发，而是所谓“外铄”的，由于和西洋文化接触之后所引起的。于是感觉到需要变和明白怎样变的人并不是大众，而是少数的先知先觉。少数人为了全体的适应于现代社会，必须设法去“改良”大多数人的生活。这里所谓“改良”就表示了我在上文中所说的自上而下的过程。中央权力的加强正合于推行这种改良工作的需要。

·民主和宪法

这两点，如我所发挥的意思说，我大体上有一部分是可以同意的。其实，先就第一点说，我在上次的论文中并没有否定中央权力加强的需要和趋势，更没有意思要重提皇权无为论。我所着重的并不是中央和地方分权的问题而是中央权力的责任问题。关于这点，我想引用另一封批评我的信来加以说明。

“我对于你近来所发表的文章时常感觉到不够爽直的毛病。你为什么一定要避免，也许并不是你有意的，许多简单明白的名词，而绕着很多圈子说话，结果使读者捉不住要点。譬如你那篇论基层行政的文章，你造下了不少好像政治的双轨和单轨等名词，而实际要说的不就是民主和宪法么？”

我想这位朋友说得很对的，我在那篇文章中想着重的是防止权力的滥用。防止的方法有积极的和消极的两途。传统中国所采用的是消极的办法：皇权无为，衙门无讼。这些办法在有着“客观情势的限制”时是足够了，但是现在这种限制已经放松了（还没有完全不存在），所以消极的办法是不够了。积极的办法是在加强“自下而上”的政治轨道，就是民主和宪法。我不用这两个现存的名词是有意的，原因是这两个字已经用滥了，羊头和狗肉混得太久，会使人不感肉味，所以我在分析一个具体现象时，感觉到这些名词不够达意。如果要用这些名词，我还得先加说明：宪法是限制政府权力的契约，订立这契约的是人民和政府两造。民主是表达人民意见的方法和代表民意的机构。在这样的定义下，我可以说加强自下而上的政治轨道来防止权力的滥用就是民主和宪法了。

防止权力滥用，并不一定是指反对中央集权及加强中央政府的任务。英国的内阁现在可以管到每家每餐有没有肉吃，克利浦斯甚至可以使女人的裙子“愈短愈妙”——这是集权，但是他们并没有，也不能，滥用权力，因为无论内阁的权力大到怎样程度，却大不出国会所授予他们的范围。英国政府所有的权力是有限的，限于人民所允许他们的程度。这样说来，防止权力的滥用并不一定是回原到皇权无为主义了。

限制权力的消极方法逐渐失去其客观条件，是件不应当忽视的事实。正因为如此，所以我们得在积极方法上去打算。这套积极方法在中国传统的政治机构中并不发达，于是我们不得不向西洋，尤其是英美学习。

· 两橛还是双轨

传统中国给我们的遗产中所不足而必须向英美学习的并不

是限制权力的需要，而是政治权力大可有为的现代情势中积极性防止它被滥用的有效机构。我们遗产中找得到“民为贵”的精神，找得到“不与民争”的态度，也找得到基本社会团体的自治习惯；但是找不到像英美一般的宪法和民主。

中国传统政治机构究竟是怎么样的呢？在这里我可以提到张东荪先生对于我那篇论文的意见了。他在《我亦追论宪政兼及文化的诊断》里说：“他认为中国政治轨道有两个，一是自上而下的，另一是自下而上的。虽然自上而下与自下而上等用语容易导人于误解，但事实上却有这样两橛的分别。所以我特别避用这些容易误会的名词，而只把上一橛名为甲橛，把下一橛名为乙橛。甲橛是皇帝的政权和官僚的政治，乙橛是乡民为了地方公益而自己实行的互助。”

张先生为了要避了上下这两个似乎带着价值观念的字，用橛来代替轨道。这些本来都是取譬之意，总不会十分切当的；但是这一换，却把我想说明的传统结构的形态的一方面更形容得毕肖了一些。两橛是指两部分，首尾衔接的两段，一根竹竿的叫节。这就是我在上文中所说：“把集权的中央悬空起来，不使它进入人民日常有关的地方公益范围之中。中央所派遣的官员到知县为止，不再下去了。自上向下的单轨只筑到县衙门就停了。”在地方上，有另外一套自治机构，所以可以说是两橛。两橛的形态是从有形组织 formal organization

上看出来的。如果我们只从法定组织 de jure organization 看去，连乙橛都看不到，因为地方的自治组织是实有 de facto 组织，不是法定组织。

可是我在上文中又提出了一个理论上的原则："政治绝不能只在自上而下的单轨上运行的。一个健全的，能持久的政治必须是上通下达，来还自如的双轨形式。"如果这原则可以确立的话，则中国传统政治中不能只是相连或相配的"两橛"结构（我在上文中曾用"中央集权和地方自治的两层"的说法），因之使我在传统结构中发现了一种"无形组织" informal organization，"就是中国政治中极重要的人物——绅士。"这个无形组织是一条自下而上的"无形轨道"。所以我又说："绅士可以从一切社会关系：亲戚、同乡、同年等等，把压力透到上层，一直可以到皇帝本人。"如果我对于绅士的政治功能的说法是正确的，则政治双轨原则不但"在现代民主政治中看得清楚，其实即是在所谓专制政治的实际运行中也是如此的"。

为了要形容政治结构的全部形态，包括有形、无形、法定、实有的各种组织，用"两橛"不如用"双轨"形容来得切当。两橛是分层的，双轨是平行的。在英国，威斯敏斯特的巴力门和唐宁街的首相官邸是并峙的，在美国，Capitol 和 White House 也是遥遥相望的，这些象征着这双轨平行形式。

·地方人才

关于绅士在传统政治里的功能曾引起另一位来信的朋友的责问：

“我曾读过你在《观察》上发表的《论绅士》，所得的印象乃是此种人物系以卑颜屈膝之态度取得皇帝之怜惜；得免于徭役赋税者。但是在你《基层行政的僵化》一文中，却又力言绅士在传统政治中之贡献，岂非矛盾？更从该文的结构看去，又似乎对于这所谓自下而上的传统轨道，恋恋不舍。你是否对这种所谓绅士的人物还寄托着改革中国政治的希望么？这是我所不敢苟同的落伍见解。”

我不敢说我潜意识里没有这位朋友所说的“恋恋不舍”之情，但是就文论文，即有此情亦当在文外。在那篇论文中我并没有把怎样恢复政治双轨的意见说明，因为我只想提出原则上的问题，以及现状的诊断罢了。

如果能把附着在绅士这个名词上的恶感和成见除去，我想地方上的领袖人才在恢复政治双轨中实是有相当重要的地位的。我在《重访英伦》的《访堪村话农业》一文中曾提到过英国乡村里缺乏社会重心的话。以往那种贵族、乡绅、牧师等人物现在已经失去了被人民尊重的地位，但是在英国乡村里却有一种人在担负过渡性的领袖责任。我称他们的责任是过渡性，因为依我看来，将来乡村社区里自会生长出新的社会重心和新的领袖人物来的。现在那些过渡性的领袖是从都市里退休回去的医生、公务员、学者和富于服务心的太太们。这些人并不是从乡间出身的，他们的职业也不在乡间，但是退休到了地方上却成了地方自治的机构中的重要人物了。

到火车站开了汽车来接我的是一位太太，她是地方法庭上的审判官，是地方政府的理事，是战时招待疏散儿童的委员，衔头多得很，还有人告诉我她是“义务车夫”，凡是有人病了，有像我这种客人下乡，她百忙里也会抽空出来开车接送的。她是个大学毕业生，懂得文学和艺术，又有兴趣和我一起在牛津的农业研究所费了半天和各个专家谈话，发出我所想不到的具体问题。她是一位伦敦商人的太太。

再举那个到中国来过的医官作例。他曾为我们海关设计防疫事宜，又在印度做过多年医官，年龄太老了退休回来，住在堪村，他在堪村主持着地方卫生事务，推动水管的设置，在地方政府中是这类委员会的主席，他曾经给我看一本地方政府手册，职员表中名字有好几十个，各种委员会我一时也看不完。我问他这些是谁呢？他指着一个个名字说：“这是泥水匠，这是种田的……这些是和我们一般性质的……”我指着前面几个名字问他：“你们和他们合得来么？”“当然，不但合得来，而且我们是个很好的队伍（team）；我们不很知道地方上的需要，他们不很知道怎样才能满足这些需要，我们一合拢来，地方上的事就好办了。”

这段话可能影响了我在上次论文中所含蓄的见解，不论这是不是“落伍”，我很羡慕英国乡村里有这些退休回村的专家们，和不在麻将桌上消耗时间而愿意在乡间做“义务车夫”的太太们。这些人物如果允许我把他们包括在“绅士”一类中，我愿意把地方自治的前途寄托在他们的身上。

或者有人认为这是英国的情形和我们国情不同的，中国的绅士都是“劣”的，是剥削人民的。我并不愿为他们辩护，虽则我确知道有些绅士们是热心于公务的。我不愿辩护的原因是在中国传统绅士是地主占绝对多数。地主的经济基础可以说是剥削农民的。如果中国也有一大批不必寄生在地方上的，而有专长的人才退回到乡间去，我想他们并不一定不能做到英国那种情形。问题是在像那种医官们的中国人一旦老了却并不回乡罢了。

·提高行政效率重在地方

说到这里，我可以重提第一位朋友给我信中的第二点了。处于激速变迁中的社会是否需要个强有力的集权的中央政府？从表面上看去这个论调是很有理由的。我并不是个迷信“人民”的人，我承认经过几千年专制政治压迫下来的中国老百姓，政治程度是极低的。他们怕事，他们盲从，这些都可以是事实。中国现代化的需要不是基层老百姓所自觉，即使觉到了生活不能这样下去，也不一定知道怎样解决他们的问题，这些我也充分承认，但是我从这些事实中得出来的结论却不是加强远离老百姓的中央权力，而是，相反地，应该在基层自治事务中去加强启发和领导作用。

我在上次论文中所表示最使我痛心的就是保甲成了中央法令的执行机关，而不是，也不能成为一个自治单位，在保甲的人选上又因为我在上文中所说的那些原因，无法得到能启发和领导地方自治工作的人去参加，相反地，差不多已成了流氓地痞的渊薮。在这现行的机构中，中央尽管有良法美意，一到最后执行者手上，就会变成扰民的举动。即使假定创立现行保甲制的用意是为了要增加行政效率，结果却是欲速不达，反而使基层行政沦于僵化。

中央集权并不是说地方上的事由中央代办，真正做地方上事务的还是地方上的人，中央不信托原有在地方上办事的人，而要自己去挑选执行法令的人，结果这些人只会传传命令，事情办不成；或是借着中央所授的权力在没有乡谊的人群中为非作恶。这又何尝是中央集权的本意呢？

如果真的想推动老百姓向现代化生活迈进的，在我看来只有把人才渗透到和老百姓日常生活有关的地方自治事务中去。

我们传统对于衙门的畏惧和厌恶不是旦夕之间可以改变的，何况这几十年来，衙门里总是伸手出来要，从来没有给过，这些经验使一切从官方发动的改革都成了十足的官样文章。所以我说如果真心要改革社会，只有从民间的自治机构入手。

英国人民政治程度可算是很高的了，但是凡属地方上不了解或没有准备的中央命令还是常常行不通的。最近若干煤矿罢工，就是抗议中央不顾地方实情滥下命令的表示。中央的政治机构是集成的作用，它配合、调解地方的活动，如果把它看成一个自己能发动能完成的机构，我们概念上是有毛病的。

· 问题还存在

最后我想补充说明就是在传统结构中自下而上的轨道是脆弱的；利用无形的组织，绅士之间的社会关系，去防止权力的滥用，不但并不能限制皇权本身，而且并不是常常有效的。这也是绅士自身腐化的原因。他们可以利用这种政治上的地位去谋私利，甚至倚势凌人，鱼肉小民。这种无形轨道没有理由加以维持，更谈不到加强。从这方面说，我实在没有对这种机构“恋恋不舍”。

为了适应中央集权逐渐加强，政府逐渐大可有为的趋势，要维持政治机构的健全，我们必须加强双轨中的自下而上的那一道。加强的方法在我看来大概只有学习英美的代议制。关于这一点，近来很有表示怀疑的。梁漱溟先生那篇《预告选灾，追论宪政》把这怀疑用文化的观念明白表达了出来。但是因为梁先生说："读者设于本文有批评见教之处，不妨待之全部理论主张看过之后也。"所以我在这里不便对这篇文章说什么话。可是如果对英美代议制怀疑的，不论怀疑它值得不值得学，或是有没有能力去学，怎样去防止权力的滥用，还是个急切得加以回答的问题。这问题并不是对任何人或任何党而发的，今后无论哪一党所组成的政府必然得做比以往的政府更多的事，传统的无为主义已经失其意义，而在我们的文化遗产中所有防止权力滥用的机构又是十分脆弱。我们是否将坐视双轨体系的被破坏？坐视中央权力无限扩大？坐视地方自治的式微？如果我们果真没有能力学习英美代议制，我们有什么代替品呢？以往我们没有学像英美代议制是"不为"呢，还是"不能"？我很愿意梁先生能在这些问题上给我们一些指教。

损蚀冲洗下的乡土

李林塞尔（Lilienthal）在他所著 *TVA* 一书中，曾用“采矿”一词来描写美国田纳西河流域以往的植棉方法。采矿是把地下所储藏的资源挖掘出来，资源挖掘出来之后，这地也就没有用了。美国以往的植棉区域，也有相类的情形，一块地上种了几年棉花，把地里的养料拔完了，这地也就不能再种作物，除非另加肥田粉。到后来，土地只给农作物一个生长的空间，所能从土里长出来的，都得依靠不断加到土里去的原料，像工厂里的机器，李氏认为这是和农业的原则不合的。土地是有生命的机体，地力得培养，如果培养得法，可以取之不竭，用之不穷，不是个矿山。

田纳西河流域土地变质，农作技术的不良固然是一个重要原因，河水的冲洗影响更大。土质变坏，作物不长，加以原有的森林日渐砍伐之后，土地大多暴露。童山濯濯，大雨过后，泥土里没有草根，留不住本来可以滋养土地的水分，反而被水溶解了各色各样植物的营养品，挟之而去。水往低处聚，汇成巨流，澎湃急涌，拖带力也愈来愈大，一路把膏腴之地冲洗侵蚀，浩浩荡荡，奔流到海不复回——经过这样冲洗过的土地，由肥田而成瘠土，由农地而成荒区。

李氏主持下的 TVA 计划主要的贡献就在土地复原。一方面用巨坝控制水流；另一方面是利用水力发电，更用电制造化学肥料，医治瘠土；再一方面选择农作物，培养泥土肥力种植森林，恢复自然的有机循环。这个有类于黄河的祸水，竟成了这地域人民的命脉。

我提到这一套已经为国人所熟知的常识，并不是想鼓吹把这套计划拿到中国来实施而已，而是想借这个例子来说明性质上极可类比的一个社会现象，就是我们乡土社会被损蚀冲洗的过程。如果我们在物质建设上想采取 TVA 一般的计划，我们还得把这土地复原的概念扩大成乡土复员。除非乡土社区里的地方人才能培养、保留、应用，地方性的任何建设是没有基础的，而一切建设计划又必然是要地方支持的。因之我写这篇短论，提出这个问题来讨论。

·落叶归根的社会有机循环

乡土复员的意思其实还是从近来在上海《大公报》专栏里发表过的几篇有关基层行政问题的讨论中引申来的。燕鸣轩先生在他《论基层行政的僵化》一文中，详细说明了地方自治机构逐步腐烂的经过。黄明正先生也在他《从经济角度看基层行政的僵化》一文中，强调这一方面的情形。黄先生似乎认为被我“评价太高，期许太切”的绅士，自古至今，一直是和老百姓利益相冲突的。燕先生则和我近一些，承认“这条轨的黄金时期，士大夫阶级多能担负下‘道在师儒’的光荣使命，为民师表，移风易俗，促成郅治的太平景象。当这一条轨到了腐烂时期，绅士们勾结了贪官，变成了土豪劣绅。”——这是说现在基层行政的僵化是因为这条轨道腐烂的结果。他至少承认有此一轨，此轨如果不腐烂，还是可以发生正作用的。我对于历史知道得很少，所以我不妨留此问题给更适合讨论这问题的人去讨论罢。我想我们同意的是目前地方上各种公务腐败不堪，政治的双轨实际都已淤塞。站在自上而下的路线上看，地方官无法执行职务，竟有成为绅士们的傀儡。中央在名义上是集权，机构上也已筑下了直达民间户内的轨道，而实际上却半身不遂，所筑轨道反而给别人利用来营私舞弊，大权旁落在无数土皇帝手上，空担了个恶名，站在由下而上的路线上看，有如我自己，上通的轨道影子都不见了，以致连以往“道在师儒”时代的无形轨道都觉得值得回念了。回头看看一般谈政治和经济改革的人，眼睛却大多只对着中枢政策，这一大片广大苦海里在法外特殊政治机构中苟延喘息的老百姓的惨景，连提都没有人提一提，怎能不令人痛心？

腐烂的乡土上什么新鲜时髦的外国好制度都建立不起来的。腐烂是病状，形成这结果的有一个过程，也就是我在本文中所要提出的，乡土社会被损蚀冲洗的经过。引起这损蚀冲洗作用的是许多经济、政治、社会、文化的因素，这些因素发生在我们近百年的历史里。

我在本文开始时引了一节关于美国南部土地损蚀和冲洗的情形，因为这情形给我一种启示，使我觉得中国的乡土社会中本来包含着赖以维持其健全性的习惯、制度、道德、人才，曾在过去百年中，也不断地受到一种被损蚀和冲洗的作用，结果剩下了贫穷、疾病、压迫和痛苦。我这种看法，也暗示除非能大规模地复员乡土，像 TVA 一般地复原土地，我们在表面上所做一切花样，用意且不加怀疑，也无法挽回这个沉沦的大局。

像我在以往几篇讨论中的假定一般，我想在以往传统的环境中，我们中国是有一套足以使大多数人民能过得去的办法的。生活程度固然很低，局面的混乱也没有停过，但是标准放低了看，多少是常常做到“黎民不饥不寒”的小康水准的。在现在看来，这小康水准也可称作过去了的黄金时代，而且要恢复到这水准，已非易事了。

中国传统小康经济是建筑在小心侍候土地，尽力保持土力，使人们老是可以取资于地面上培植的作物的基础上。这是李林塞尔所要在田纳西河流域恢复的有机循环。任何一个到中国乡村里去观察的人，都很容易见到农民们怎样把土里长出来的，经过了人类一度应用之后，很小心地重又回到土里去。人的生命并不从掠夺地力中得来，而只是这有机循环的一环。甚至当生命离开了躯壳，这臭皮囊还得入土为安，在什么地方出生的，回到什么地方去。

人和地在乡土社会中有着感情的联系，一种桑梓情谊，落叶归根的有机循环中所培养出来的精神。这种精神在那些倚赖矿产来维持生活的人看来是迂阔的。海外的华侨可以劳苦终日，一文一文地储蓄了寄回家乡，死了还把棺材遥远地运回去安葬；那种万本归原的办法是西洋人所不能了解的。在我们传统文化里却看得比什么都重要。我自己就有一个老祖，中了举，派到云南去做官，受不住瘴气，死在任所。他的弟弟牺牲了自己的前途，跋涉长途去运柩回吴江，经了有好几年，遇着各种困难，完成这在现代文化中认为毫无必要的使命。但在我们家谱上却大书特书，认为历代事业中最伟大的一项。如果我们从这类事情所代表的意义来看，可能是值得我们细加思索的。这象征着乡土联系的最高表现，而乡土联系却维持着这自然的有机循环。也就是这有机循环，从农民一朝的拾粪起，到万里关山运柩回乡止，那一套所维系着的人地关联，支持着这历久未衰的中国文化。

我希望读者不要误解我竟“落伍”落到提倡拾粪运柩，这些是在某种环境中所流露出来代表一种精神的方式，方式尽可以变，我绝不留恋于任何方式，但是我确觉悟到这种精神的重要。我因为怕有些把中国传统看得全无是处的人，因为我提到了拾粪运柩而连其所表示的精神一并忽视，所以不得不借重李林塞尔的话，以及标准美国事业的 TVA，来作重提此种精神的助证。

乡下人为孩子提名，最普通的是“阿根”，人也有根的，个人不过是根上长出的枝条，他的茂盛来自这个根，他的使命也在加强这个根。这个根就是供给他生长资料，供给他教育文化的社会：小之一家一村，大之一乡一国。这个根正是李林塞尔所谓 grass roots。唯有根固的枝叶才能茂盛，也只有枝叶茂盛的根才能固。从社会说，取之于一乡的必须回之于一乡；这样，这个社会才能维持它的水准。不论是人才还是物资，如果像矿苗一样只取不回，经过一个时候这地方必定会荒芜。取与回的循环可以很广，很复杂，但是却不能转不过来。TVA 是一个大循环，我们内地拾粪的小农场是个小循环。循环愈大，水准愈高；但是能维持任何水准，必须有个循环。采矿式的消耗，性质上是自杀的，自杀可以慢性，但终必有枯竭的时限。一个健全的和能平衡的文化必须站在有机循环的基础上。

・回不了家的乡村子弟

在我们传统的乡土文化中，人才是分散在地方上的。最近潘光旦先生和我一同分析了915个清朝贡生、举人和进士的出身。从他们地域分布上说，52.5% 出自城市，41.16% 出身自乡村，另有6.34% 出自介于城乡之间的市镇。如果再依省分别来看，以有较多材料的直、苏、浙、鲁、皖、晋、豫7省说，乡项百分比超过城项的有鲁、皖、晋、豫4省。这些数字告诉我们，即以必须很长文字训练才能有机会中试的人才，竟有一半是从乡间出来的。更有意义的是我们所分析的人物中父亲已有功名的和父亲没有功名的比例，城乡双方几乎相等；城方是68：32，乡方是64：36。这是说中国人才缺乏集中性的事实，也就是原来在乡间的，并不因为被科举选择出来之后就脱离本乡。这和现代西洋社会不同。Sorokin 教授曾说："（在西洋）一切升迁的途径几于全部集中在都市以内。如果不先变做城里人，一个乡间的寒门子弟已几乎完全不再有攀登的机会。"——中国落叶归根的传统为我们乡土社会保持着地方人才。这些人物即使跃登龙门，也并不忘本；不但不损蚀本乡的元力，送往外洋，而且对于根源的保卫和培养时常看成一种责任。因之，常有一地有了一个成名的人物，所谓开了风气，接着会有相当长的时期，人才辈出的。循环作育，蔚为大观。人才不脱离草根，使中国文化能深入地方，也使人才的来源充沛浩阔。

我在《再论双轨政治》一文中提到地方人才的问题时，曾说起了英国退休的公务员分散到乡间和地方上去服务的情形，燕鸣轩先生给我私人的信上曾说："先生所希望的中国绅士像英国的绅士，事实上恐怕不相类的。"从目前的情形说固然不相类，但是我还觉得在传统社会中，似乎曾有过类似的情形。杨开道先生曾写过一本《中国乡约制度》，从这本书里看去，中国士大夫对于地方事业的负责可以说比任何其他国家的中间阶级为甚。即使我们说这些人服务地方为的是保障他们自身的地主利益，是养鸡取蛋的作用；我们也得承认这和杀鸡取蛋是大大不同了。何况在中国传统土地制度还有着"家无三代富"的升降流动机构，形成另一循环，使刻苦耐劳的小农有着上升的机会，并不像那富者愈富，贫者愈贫的两极化的情形呢。

燕先生很清楚地告诉我们地方权力变质的经过：最初是贡爷老爷，继之是洋秀才，最后是团阀。为什么会这样变质的呢？那就引到了我在本文中所提到的损蚀和冲洗过程了。以前保留在地方上的人才被吸走了；原来应当回到地方上去发生领导作用的人，离乡背井，不回来了。一期又一期的损蚀冲洗，发生了那些渣滓，腐化了中国社会的基层乡土。

乡土培植出来的人已不复为乡土所用，这是目前很清楚的现象。今年暑假很多毕业生找不到职业，在一次“欢送会”里很不欢地谈到了这青年失业问题。有一位老师劝这些青年回乡去，在原则上是能说服他们的，但是他们几乎一致地说：“我们已经回不了家了。”结果我还没有知道有哪个回了去的，他们依旧挤在人浮于事的都市里，甚至有靠朋友接济过日子的。

他们“已经回不了家”是不愿，也是不能。在没有离乡之前，好像有一种力量在推他们出来，他们的父兄也为他们想尽方法实现离乡的梦，有的甚至为此卖了产业，借了债。大学毕业了，他们却发现这几年的离乡生活已把他们和乡土的联系割断了。且不提那些正在被战事所蹂躏的区域，就是在战区之外的地方，乡间也是容不下大学毕业生的。在学校里，即使什么学问和技术都没有学得，可是生活方式、价值观念却必然会起重要的变化，足够使他自己觉得已异于乡下人，而无法再和充满着土气的人为伍了。言语无味，面目可憎。即使肯屈就乡里，在别人看来也已非昔比，刮目相视，结果不免到家里都成了个客人，无法住下去了——这是从个人的感觉上所发生的隔膜。

城乡之别在中国已经大异其趣，做人对事种种方面已经可以互相不能了解，文化的差异造下了城乡的解纽。

如果有大学生真的回乡了，他向哪里去找可以应用他在大学里所学得的那一套知识的职业呢？说是英雄无用武之地可以，大才无法小用也可以，事实上，大学并不是为乡土社区造人才的。现在的教育是传授新知识的，所谓新知识，其实就是从西洋来的知识。这本来是可以的，知识不应分国籍，我们目前正应当赶快现代化，要现代化就得输入西洋文化。乡间的传统正待改良。新知识正是改良的方案。但是一个乡间出来的学生学得了一些新知识，却找不到一条桥可以把这套知识应用到乡间去；如果这条桥不能造就，现代的教育，从乡土社会论，是悬空了的，不切实的。乡间把子弟送了出来受教育，结果连人都收不回。

不但大学是如此，就是中等教育也是如此。我们曾在云南一个乡城附近的村子里作研究。靠近村子不远有个农业学校，这村因为靠近县城，所以园艺很发达，乡下朋友常指着学校的农场和他们说笑话；我们到农校里找他们教员谈话，也有些是很有专门训练的，说村子里的蔬菜大可改良。乡下朋友说老师们种菜像是种花，赔本的，不错；老师们说乡下的菜长得不高，也不错。所错的是各人做各的，合不起来。学生们出来，没有这么多“校农场”给他们“实习”和“试验”；回家去，家里没有这么多本钱来赔。结果，有些当了小学教员，有些转入军校，有些就在家里赋闲，整天无所事事地鬼混，在县城里造了一批新的“流氓”，他们也就逐渐变成燕先生所称的“团阀”的干部。

我们的大学多少也难免有此情形，所不同的是大都市中吸收新人物的能力比县城里大一些，除了当教员之外还有衙门、工厂里可以找职员做，但是有两点是相同的，一是他们并没利用新知识去改良传统社会，一是产生了一批寄生性的“团阀”阶层，既不能从生产去获取生活，只有用权势去获取财富了。

从这方面说，现在这种教育不但没有做到把中国现代化的任务，反而发生了一种副作用，成了吸收乡间人才外出的机构，有一点像“采矿”，损蚀了乡土社会。

·流落于东西文化之外的寄生阶层

有人可以说现代化本来就是都市化。现代文化是都市产物，都市人口总是从乡间吸收来的。在乡间即使有人才也没有发展的可能，一到都市里，机会多，个性可以自由发展，所以城市是造就人才的地方。在乡间至多有“潜才”，不能说有“人才”，所以都市化对于乡村是有利无害的。在西洋，这种情形是很显然的。在中国，不能是例外。

这种说法是有理由的，但是也不全是事实，而且最后一句话，说中国不能是例外，更值得考虑。所谓“例外”是指在中国有很多条件和西洋不同，因之西洋社会的通则有时并不能不加修改地应用在中国。

我在本文开始时提出 TVA 是有用意的。念过李林塞尔那本书的，可以说上面的理论在美国也并不完全正确。美国都市的发达，确曾损蚀过内地的乡土社会。田纳西河流域，所谓 Deep South 在实施 TVA 计划之前是一个极悲惨的世界。每年每个农家的收入只有150元，和美国人当时工人的平均收入低下5倍；没有电灯，没有电话，没有公共医院。名剧《烟草路》里描写出来的生活比我们的农村还不如。美国可以有纽约的“自由发展”，但是在 Deep South 却没有免于饥饿的自由。为什么？和中国目前的情形一样，社会的有机循环脱了链。南部的物质（土地里“采”出来的棉“矿”）和人才不断地输出而没有回来。这土地，这人民，受到了损蚀，一直到罗斯福才重建了这循环，繁荣才恢复。

都市和乡村是必须来回流通的。美国都市的工业依靠广大农村作市场。农村的损蚀固然乡下人先遭困乏，但是困乏的乡间也会引起都市的恐慌。罗斯福发动 TVA 的计划目的还是在挽救都市的经济恐慌。李林塞尔最得意的杰作就是在恢复由城到乡的这条桥梁。从这桥梁上，城市里所孕育出来的现代知识输入了乡间，乡间出来的人才，受了现代科学的教育后，可以回去服务农村了。

提倡都市化是不错的，但是同时却不应忽视了城乡的有机联系。如果其间桥梁一断，都市会成整个社会机体的癌，病发的时候城乡一起遭殃。中国却正患着这病症，而且，依我看来，目前正在病发的时候了——表现出来的是乡间的经济瘫痪和行政僵化，都市的经济恐慌和行政腐败。

中国城乡关系本来就和西洋不同。这一层意见我已在《乡村·市镇·都会》一文里中说过，这里不必重复。那篇论文中我还只就经济的素质上加以说明这三者的关系。在本文上节里我又从文化的背景上加染了一笔。如果我们说都会代表西洋文化，乡村代表传统文化，那是不正确的；我的意思是：都会是两套文化接触的场合，被西洋文化改变了生活和思想方式的人回不了乡村，有一部分被都会里新兴的生产事业所吸收了，但是还有一部分却流落在生产事业之外，发生了一层倚赖权势过活的新人物，他们转而阻碍了城乡双方生产事业的发展。

这一层新人物从他们来路上说，直接间接是从乡土社会里吸收出来的。在东西文化接触之前，这些人物可能就被科学的机构所吸住，依旧在乡村和市镇间居住，“学而优则仕，仕而优则学”，也是燕先生所谓“贡爷老爷”，受着传统儒家哲学的教育，执行“道在师儒”的社会任务。他们可能在土地制度之内剥削农民，但是乡间财富并不大规模的外流。以整个社会说，有如叉麻将，叉来叉去，最后不会有太大的输赢。

如果中国都会里的生产事业发达得快，乡间吸收出来的人都能找到发展才能的适当地位，乡土社会虽则被损蚀了，但是都市却繁荣了，我们可能走上美国的道路，等都市财富积聚得无法消化时，再像 TVA 一般流回农村去。果真这样，我们的局面也必大非今观了。不幸的是我们的经济和政治却处于次殖民地的地位，大规模的工业化并不可能。西洋文化并没有全盘输入，只输入了它的上层或表面的一层，包括思想、意识、生活方式和享受欲望，并没有把维持这上层的底子——经济基础——搬了过来。这个脱节可真脱得严重，也是发生那流落在西洋和传统文化之外，流落在生产事业之外的倚赖权势为生的阶层，中国悲剧中的主角和导演。

·洪流冲洗下的中国

土地的损蚀只是冲洗的开端。地方给采矿性的棉花拔尽之后，大片的土地上没有了覆盖的草皮，吸收不住水分，汇成巨流，造成灾区。社会性的损蚀作用同样会引起类似冲洗的人口流亡。损蚀作用中所带走的还有选择：最早离乡的多少是自动的，在经济地位上说是较富的，在教育程度上说是较优秀的。财富和人才离了乡，再加上了都市工业势力的压迫，农村开始穷困，小康之家降而为穷户，穷户就站不住脚，开始离乡；但是在乡间至少还有个中坚阶层足以维持——两极的移动多少是都市化过程中对农村所发生的一般影响。这两极也就是都市中劳资阶层的来源。

但是当中国所特有的流落在城乡生产机构之外的新阶层一旦出现，一旦庞大，他们利用着权势构成种种法外的"团阀"(法外并不指他们表面的地位而言，指他们获取财富的手段而言)，乡间知识程度较低，团结力较弱，组织较松弛的农民，也最容易成为这种人物寄生的对象。使黄明正先生"暗自饮泣之黯然的图画是每个在乡下住的人所熟知的"。当我疏散在乡间时，这些人物的蛮强无理的敲诈掠劫曾使我多次因激于"侠义"出头干涉而陷入纠纷和痛苦。这些也是我一生中永远不敢忘怀的经验。这些人物的盛气凌人反衬出中国广大人民的善良和忍耐。但是善良和忍耐并不是敲诈掠劫的理由。容忍有其限度。当限度到来时，中国农民的坚韧也成了他们自救的力量。从局部的情态去看，任何还有正义感的人不会放错他的同情心的，但是从整个局面合起来看，却是一个大悲剧，演出的是反抗、流血、摧残、流亡、沉沦。本来是乡土里流出去的，父母伯叔卖了田地，节衣缩食，指望着回来繁荣乡土的子弟，当他们回来时，却带来了这一种礼物！

我记得有一次向一个冒充军官来乡间敲诈的人说："你不也是从乡间长大的么？如果有像你一样的人到你乡间去这样胡闹的话，你觉得怎样？"他曾为我这话低下头去，"可是——"他犹豫了一下，没有回答——这些是同一出悲剧中的角色。如果我们把一切责任都放在这些人肩头，同样是偏面的，不根本的，而且是无济于事的。

可是由这种人物所激起农民的仇恨，却逐渐形成一片火海。虽则明知这火海里并没有人得到便宜，但是到这程度，好像泥土里没有了草根，水愈聚愈多，最后必然会造成决堤的洪流。

地方上现在已没有任何挡得住那种借权势和暴力来敲诈劫掠的力量了。贡爷老爷已经不存在，洋秀才都挤在城里，农民除了束手待毙，只有自己出来抵抗，而整个生产机构也就难免于瘫痪了。

整个中国，不论上层下层，大小规模，多少正在演着性质相似的悲剧，但在生活已经极贫困的乡间，这悲剧也就演出得更不加掩饰，更认真，更没有退步。日积月累，灾难终于降临，大有横决难收之势了——这就是我想说明的损蚀和冲洗我们乡土社会的过程。这过程的发生是由于社会有机循环的破坏。很显然的，如果我的分析有若干正确性的话，我们必须从速恢复城乡之间的循环关系。关于怎样才能恢复的问题，我想留到以后论“乡土复员”里再提出来讨论了。

1947年11月26日于清华胜因院

黎民不饥不寒的小康水准

我在《损蚀冲洗下的乡土》一文的结尾说起我想提出一些怎样才能重建中国城乡有机循环的意见，并且预定了《乡上复员》这个题目。忽忽已有一个月，好像欠了一笔债似的，使我很着慌，屡次下笔都不克交卷，其间固然有许多冗杂的事务阻挠着思考，而这问题本身的复杂，也是个很重大的原因，何况当前的一切似乎还谈不到建设。破坏之动员未已，乡土复员的说法，竟带着讽刺的意味。可是话还得说回来，在一般人民对国是失望感慨之余，也没有比这个时候更需要彻底自觉，在恩怨之外，找出这空前变局的结症所在。宿疾求艾，即使并不是怎样急救灵丹，也是我们应当致力之处。虽说是书生之见，但也只有书生才能暂时在切身的烦恼之外，瞩望将来，注视这个可能的免亡之道。所以最后，我还是鼓着勇气，贡献一点较远的看法。我这几篇乡土复员论将从一个问题出发：假如我们还希望走上一条安康的道路，我们应当向哪个方向出发。至于我们怎样能走上这条路，那不是我在这几篇短论里所想讨论的了。

· 土地分配和民生

现在论乡土经济衰落的人，大都注目于中国的土地制度，尤其是租佃制度。租佃制度引起人的注意是有理由的，而且是现实的。一个自己没有土地，租别人土地来经营耕种的人，普通都得把正产，主要农作物的出产的一半以上，在地租的名义下，交给地主。“一半以上”正产量作为地租算不算很高呢？单凭百分比是看不出意义来的。我曾根据我自己调查的结果，用产米量和食米量的比例来说明地租的真实分量。这里不妨举出一个村子的情形来表示。在“江村”（太湖附近的一个村子）每农家经营的农场平均面积是8亩半，合1.29英亩。每英亩产米平均约数是40蒲式耳（每蒲式耳约重67磅。这种产量，在中国一般情形说，可算是收获很丰富的了），每农家平均产米总量51.6蒲式耳。每农家人口平均是4.1，合壮丁数2.9（所谓合壮丁数是指食米量而言，依 Atwater 标准经我们修正后折合）。每壮丁每年平均食米量为7蒲式耳，即470磅，每家共需食米20.3蒲式耳。总产量减去食米量剩余31.3蒲式耳。如果这家的农田是租来的，租额如果是正产量的一半，合25.8蒲式耳。把地租交出后，只剩余5.5蒲式耳的米，农场上其他作物的产量依我们估计其价值约合米量10蒲式耳。这家人可以用在食米之外的消费量及农业投资只有15.5蒲式耳米等值的数目。于是问题是：这点钱够不够呢？依我的估计中国农民普通的支出各项的比例是：吃米42.5%，其他消费42.5%，农业投资15%，依这比例，这家人需28.4蒲式耳米等值的钱作吃米之外的其他费用。这个人家如果在农场之外别无其他收入，每年要缺12.9蒲式耳的米。

如果农场较大，交了地租之后，剩余可以略增。但是农场的面积一方面是限于可供耕种的土地面积和人口的比例，另一方面又限于现有技术下，家有劳力所能经营的面积。我在云南农村中曾经分析过农业劳力的问题。在最忙的农期中，一夫一妻所能耕面积只有3亩强。换一句话说，他们如果要经营较大农场，在最忙的时候必须换取或雇佣劳力帮同工作。能耕面积因之也有赖于劳力的组织。在一般情形中，如果技术和劳力组织不加改进，一个农家所能经营的农田面积并不能超过现有平均农场过远。现在农场面积平均数目各地因作物及土质不同固然略有伸缩，以太湖流域说，江村的情形决非例外。

扩大农场的机会很小，这不是一个分配的问题，而是农业人口和可耕地面积比例的问题。分配是从所有权上说的，中国土地分配不平均是事实。但握有较多土地的地主通常并不是自己经营农田的。大地主还是分成了小农场出租给佃户。所以从经营着眼，如果要扩大农场，分配问题远没有技术及组织为重要，最基本的是农业人口怎样能减少的问题。

但如果说重分配既不能扩大农场，对于生产并无重大贡献，因之我们不注意这问题，那却又不对的。分配问题在民生上有极严重的影响。如我上述的情形，假如江村的农民都是自耕农，他们单靠现有的土地也足以达到“不饥不寒”的水准了。61.6蒲式耳米等值的收获可以经常支出20.3蒲式耳的吃米，20.3蒲式耳米等值的消费品，和8.4蒲式耳米等值的农业投资。另外还有12.6蒲式耳米作其他特殊费用的准备——这正是我所说的“小康水准”。

·农工混合的乡土经济

如果我以上的分析是正确的，在租佃制下经营小农场上的佃户并不能靠土地维持“不饥不寒”的水准，则在传统的乡土经济早应该发生土地问题了，为什么土地问题到近二三十年来才见严重呢?

乡土经济中土地问题早已存在，我想是事实；但是在传统经济中却有一道防线挡住了这潜在的问题暴露成佃户和地主中间的严重冲突。这道防线是乡土工业。关于乡土工业在传统经济中的地位，我曾一再写文论述过。简单地说，在海禁未开之前，中国人民日用消费品是自给的。中国从来不是个纯粹的农业国家，而一直有着相当发达的工业。可是传统的工业却并不集中在都市里，而分散在无数的乡村里，所以是乡土工业。各地依它的土产加工制造成消费品，日积月累，各种工业都有著名的地域。中国早年出口的生丝最有名的叫辑里丝，查海关报告还有这英文译音；辑里丝是太湖附近很小一个区域里出的丝，居然成了个中国出口生丝的别名。其他如龙井的茶，景德的瓷器，高阳的布，都属此类。这些还只是些最著名的土产，其实每个小区域，甚至许多村子都有一两样附近所熟知的土产，土产中又有很多是制造品。而制造这些土产的却是一家家的农户。轻工业中最重要的纺织，在传统中国是家庭工业。我幼年还帮助祖母纺过纱，我母亲的嫁妆里还有个织布机，“不闻机杼声”这诗句在我是极亲切的。制造工业分散在家庭里固然使中国传统工业在技术上不易进步，但却是一个传统经济中的重要事实，使普通土地不足的农家可以靠这些家庭工业里的收入，维持小康生活。

中国的农场为什么会这样小，是一个基本问题，直接的原因可以说是人口太多，但是为什么人口会这样多呢？这问题有人认为是不必问的，人口繁殖是生物现象；也有人认为是儒家思想提倡的结果。我却愿意从劳力上来看：农作活动有季候性，在一个短的时期中需要相当多的劳力，也就是所谓“农忙”。农村里必须养着能足够应付农忙时所需的人口，虽则农忙一过，这些人在农田上可以并没有工作可做，也就是所谓农闲。在充分利用人力来工作的农业技术下，农忙和农闲所需劳力的差别可以很大。如果单看农忙期间的农村，人口并不能说太多，因为没有这样多的手脚，现有农田在现有技术下并不能充分经营。依我这种看法，所谓中国农村人口太多是从生活程度上说的，并不是从农业生产上说的。除非农业技术能改变，农村人口不易减少。抗战后期因乡村壮丁的流亡已在后方农村中发生了缺乏劳工的情形。

农业虽则在短期需要大量劳力，但是有三分之二的日子是没有农作可做的，于是发生周期性失业的情形。换一句话说，我们是“养工一年，用在农忙”。这些劳工并不能离开农村，离开了，农忙期会缺工，可是农闲期怎么办呢？这里引入了乡土工业，乡土工业在劳力利用上和农业互相配合了来维持农工混合的经济。也只有这种农工混合的乡土经济才能维持原有的土地分配形态。一个自己没有土地的小农场上的佃户，在男耕女织的农工合作下，勉强能达到他们生活的小康水准，同时也使传统的地主们可以收取正产量一半的地租，并不引起农民们的反抗。反对地主利益的人可以说这种乡土工业正是给他们剥削佃户的机会；从整个经济分析上说，农业技术、劳力需要、人口数量、农场面积、乡土工业、地租数量、地主权利等因素是一个有机的配合。中国传统社会能很久地维持着这配合，那是因为它至少可以给在这种经济里生活的人不饥不寒的小康的生活。任何经济结构如果不能维持最低限度的民生，是决不能持久的。

・传统有机配合的脱栓

在过去近一个世纪来，上述传统有机配合开始破坏了。破坏在哪里开始的呢？在我看来，第一个脱栓的齿轮是乡土工业。农业技术、人口数量、农场面积、地租数量、地主权利等齿轮，并没有变；跟着乡土工业那一齿轮脱了栓的却是那传统有机配合所维持的小康生活。

乡土工业的衰落由于它和西洋都市机器工业竞争的结果，这一点不需我在这里费词引证。机器工业在大规模生产的方式下成本减轻了，品质提高了，土货成了个贬损的名词，洋气才是风头，骨子里不过是两种生产方法的优劣。费了较高成本制造出既不雅观，又不适用的土货，怎能在既便宜又漂亮的洋货旁争得购买者呢？土货的市场让给了洋货，在享乐上是提高了买得起洋货者的水准，可是同时却引起了乡村里无数靠着制造土货的工人们的失业。

贫穷跟着乡土工业的衰落侵入乡村，这个魔手是间接的，impersonal的，捉不住、看不清对象的，是一种无可抵御的势力。只感觉到而摸不着的，要反抗也无从反抗起，要抵御也无从抵御起。一个织土布的媳妇，没有人要买她的出品时，代替机杼声的也只有叹息罢了。她去怨恨谁呢？

这时她只有指望丈夫在农田上的收获了。一家的生活压在土地上。也在这时，传统经济里早就潜伏着的土地问题暴露了。地主并没有丧失他收租的权利，租额并没有减低。而且传统的地主并不是生产的阶层，他们是“食于人”的。在新的处境里他们也没有大量的改变这种身份。相反的，因为西洋舶来品的刺激，更提高了他们的享受，消费增加，依赖于地租的收入也更不能放松。可是当他们下乡收租时，却发现他们的佃户并不像以往一般驯服了。怎能驯服呢？交了租就要挨饿了。为了生存，佃户和地主之间发生了严重冲突。地主不会明白为什么佃户变了，他还是收取和以往同样的租额，并不是过分的要求。佃户们眼里的收租者却变了，成了来要他最后一粒谷的催命鬼——看不见的是没有声音的西洋工业势力，它打碎了传统有机配合中的一个齿轮，那一个地主本来不关心而其实是保证他们特权的齿轮，乡土工业。

破坏乡土工业的力量是深入、遥远、庞大、有力的，它背后还有着巨舰大炮，“帝国主义”，有组织的，而且是现代化的。

缺乏团结力，缺乏组织，缺乏科学知识，分散在乡村里兼营着农业的传统工人，对于这个力量怎能抗得住，可是地主的势力，和了外来工业势力相比，却脆弱得多，于是为了求生存不能不奋斗的农民挑选了地主做对象——这样，在近代史上，中国的土地问题日深一日。

·地主阶层合理的出路

不饥不寒是民生的最低水准，如果人有生存的权利，也就应当承认争取这水准是公道而且合理——这是民生主义中基本的内容。可是中国不停地在被解除它原有的工业生产力，小康的降而为小贫，小贫的降而为大贫，大贫的铤而走险，乡土在冲洗中。农民们在要求回复失去了的生活水准。

在这个局面中，如果不能挽回我们在衰亡中的工业，本来间接依靠原有乡土工业，通过地租形式，而维持的地主阶层，迟早是会被打击而消灭的。这些地主并不能自己去耕种土地，而得假手于农民，这片土地又不能同时养活地主和佃户双重人物，地主却不能采取消灭佃户的手段来维持自己的收入。另一方面，没有了地主的农民还是可以耕种土地——所以在地主和农民的争斗中，农民必然占据优势的。从理论上说，地租原是在土地能在供养耕者之外还有剩余的情形下发生的。可是中国的租佃制度却并不直接建筑在土地生产的剩余上，而间接地建筑在农民兼营的乡村工业上，所以乡土工业崩溃实在打击了中国“地租”的基础，注定了地主阶层的命运。

地主并不能在同意之外获得地租。虽则在短期间地主固然可以靠压力来赢得“被迫的同意”，但压力包括费用，而反抗可以无限地增长，因为反抗的动力是生存的要求，和压力正比累积；二者竞赛，以有限压无限，总有穷时，所以我们可以预言其结果。

为地主着想，合理的出路决不应是加速自己的灭亡，而是适应新的局势，另建他们生活的基础。和农民的“不饥不寒”的水准去对抗是徒劳无功的，只有承认这人类生存的基本事实，而在土地之外另谋出路。说来似乎矛盾，地主得在土地之外去找出路，而事实上却一点都不矛盾，因为中国的地主原本不是靠土地的。当西洋工业势力侵入打击中国乡土工业时，地主们如果要保持他们的生存，就应当勇敢地迎战。这战线上如果不能获胜，他们的生存总难维持，不论直接清算他们的是谁。

我承认对外的迎战是艰难的，但不论怎样艰难，这是地主阶层生死关键所在，无法推诿的考验，而在这恢复工业的艰难事业中，尤需广大农民的支持，因为在已经成熟的西洋侵略性的工业经济的滩头，要确立我们民族工业的阵地，在策略上大概不能避免走上复兴乡土性工业的路子。换一句话，还得依赖能耐苦的农民以生活程度来和西洋劳工相竞争——这是从经济上说的。从政治上说，西洋工业背后随时可转变为军事侵略的政治压力，也必须以国内的政治安定和统一才能应付，那更需要国民中80%以上的农民的支持。从任何一方面看，地主阶层在面临生存威胁之际，不但应当，而且只有以放弃地租为条件来和农民共同克服这危机。这是孙中山先生眼光远大之处，耕者有其田的政策是一个地主阶层自保的钥匙。

我这种说法，完全是站在地主阶层的生存兴趣上立论的。我很明白，完全站在农民阶层的立场上，还有一条路：那就是抓住土地，占有土地上所能出产的，不放松，必要时不惜出之以武力的保卫。完全占得住土地上所生产的一切，确可恢复小康水准，而且从他们看，一个没有力量在向外战线上团结保卫的阶层，也不会有能力维持向内的战线，两线作战是兵家之忌。这套想法并不是没有理由，但是，依我看来，如果加上国家观念，这种做法总可以说是不幸的。而且中国复兴的基础最后不能不是工业的复兴，生产力的增大和生活水准的提高，这不是单纯农业所可以达到的；何况内战的直接结果是破坏，破坏的结果是外来势力的增高，中国工业更难建设。中国农民固然是吃得起痛苦的，但是耐苦也不应是理想的价值。

历史并不常是合理的，但是任何历史的情境中总包含着一条合理的出路，历史能不能合理发展，是在人能不能有合理的行为。一个被视为“书生”的人，有责任把合理的方向指出来，至于能不能化为历史，那应当是政治家的事了。

地主阶层面临考验

·特权的动摇

上一篇乡土复员论里，我提出一种看法：中国土地问题严重性的表面化是由于乡土工业衰落而引起的，土地的生产并不能单独同时养活地主和佃户两重人物，中国现有的人地比例，注定了“耕者有其田”的秩序。如果我们承认当前严重局面基本上是土地问题在作祟，则土地问题的合理解决自应是重建和平秩序的前提。合理解决，在我看来，却不只是在土地权的重分配。我说“不只是”，因为要能做到土地权重分配，实行耕者有其田，必须有一个条件就是本来靠地租维持生活的地主得另外找到一个经济的基础。有人会说，地主这阶层是寄生在农民身上的剥削者，他们已经侥幸地被供养了几千年，现在该被清算了；把田拿走了，如果他们自己没法找到生存的机会，那是活该。我不愿在道德立场上讨论这问题，只想从事实上说，如果地主阶层找不到新的生产性的经济基础，他们不会轻易放弃土地的，于是，如果要实现耕者有其田，就不免要在同意的方式之外用暴力的手段了。再换一句话说，如果不给地主阶层一个经济的出路，土地问题的解决过程中避免不了暴力的因素。我的立场是想在和平方式中去解决这无法拖延的基本问题，所以特别愿意强调和平解决所必需的条件。我承认地主阶层即使找到了新的经济基础，不一定就能和平解决土地问题，这只是一个必要的条件，而并非足够的条件。

我也承认“另外找到一个经济基础”的责任是在地主阶层自己，因为他们在传统社会中是握有特权的阶层。拉斯基教授在工党上台前夕给英国特权阶层的忠告，很适用于中国当前的形势。如果特权阶层不自动的放弃特权，在和平的情势中获取另外经济基础和社会地位，就将被迫放弃特权，在暴力的运用里，损失最大的也就将是这个阶层。

事实上，当前的地主阶层已感觉到他们的特权不可靠了。这里我可以抄录一节一位在家乡（苏州附近）的朋友给我的信：

以前农民“拔田”（有永佃权的佃户向地主买俗称田

底的地权）每亩需粳20担，农民花得起这笔钱的很少。现在市价只要两担。很多地主在困难重重，前途又无希望之中，甚至肯收更低的代价把田卖掉。

这其实是乡土衰落所必然会发生的结果。地主们放弃土地，离乡入城，已有相当久的历史。现在城市里多少中下层的居民不是从原有的地主阶层里出来的呢？他们如果在城市里得到了谋生的职业，或是投资的机会，即使没有“重重困难”去迫他们出卖土地，他们也不会留恋于已不一定收得到租的土地。但是关键是在他们身虽离乡，而并不易在土地之外找到一个稳定的经济基础。中国民族工业的萧条，使他们的收入还是直接间接地取之于农民。一查他们的职业，公务员和军队占着很大的比例。这说明了，如果我们在农业之外不能开辟出广大的生产基础，本来寄生于土地上的，不论他们离村多么远，不论他们名义上怎样不带土气，最后，转转弯弯的还是寄生在农民身上。地租名目可以变成赋税，变成摊派，实际还是一样，土地得供养这一批不事生产的人物。这是说地主阶层即使放弃了土地，如果没有新的生产去吸收他们，问题还是没有变。因之，我觉得现在的关键已不是在地主们愿意不愿意放弃土地，而是怎样转变为生产者的问题。

・寄生阶层的保守性

地主阶层既已感觉到特权基础的动摇，但未能及时在土地之外去另谋出路，依旧在四面楚歌中求片刻的苟延，在明知愈拖愈不利的命运前恐惧战栗——那是值得我们更进一层去分析的事实。

中国地主阶层踟蹰不进，因循苟且，不能毅然在工业里自谋合理的出路，有外在和内在的两层原因。外在的原因是西洋雄厚的工业势力和复杂的国际政治，这方面已经受到注意，我不必在这里多讲。我在本文里想提出来的将偏重于内在的原因，那是地主阶层的生活方式、理想、抱负和知识所给予他们的束缚。

特权所给人的享受会向灵魂深处索取它的代价。它腐蚀握有特权者的个人的志气，它也腐蚀维持这特权的社会的活力。这可能说是上帝的公平，也可以是历史的公律。特权阶级的生活只要现状不变就能维持，因之在心理上憎恶变革，保守是他们根据阶层利益而养成的精神，在土地制度里获得特权的阶层保守的精神更是牢固。农业本身技术的成分远不比工业，作物的生长是自然过程，人不过在旁扶植，农夫是靠天吃饭的，明白主观的限制。另一方面说，小农生产是自给自足的，在经济上不受市场竞争的打击或鼓励。这种性质的作业里不容易表现出技术的重要性来。技术不需日求新异，整个人事也易于安排配合，成为一种稳定的社会结构。现代工业社会是稳定不住的，基本上是因为技术的分量太重，技术这一道里，效率、经济、精巧等一类标准太明显，加上了竞争性的市场，技术必然领先变革，于是文化的其他部分也不能不随着变了。因之以现代工业社会里特权阶级来比较传统农业社会里特权阶级，后者的保守性和固执性可以更为显著。

尤其在中国，这种特权阶级在以往是不必具备着高度警觉性的。地主阶层可能的威胁来自两方，一方是农民的反抗，一方是暴力集团的侵害。中国地主阶层经了长久历史的陶养，对这两种威胁已经发生了相当的免疫性，这种免疫性结晶在儒家的思想和相配的制度里。从这个角度里去看儒家思想和制度，很可以见到它的实用性，甚至相当微妙的作用。儒家是反对地主们在享受上无餍求得的，克勤克俭，把主观的欲望约制住了，使他们不致尽量地向农民榨取。这有限的土地生产力和农民已经很低的生产水准是经不起地主阶层们的挥霍的。把中国一般中小地主描写成养尊处优、穷奢极侈的人物，我觉得是不太切当的。“一粥一饭”式的家训即使不能算是实况的描写，地主阶层平均所占的土地面积也可以告诉我们，他们所能维持的也不能太过于小康的水准。拥有100亩农田以上的地主，据陈振汉先生的推算，全国约有80万人，合全体农业人口的3‰。除了这少数有资格谈得到优裕生活的大地主外，克勤克俭是必须的生活条件。我在去年暑假里回家乡时曾问过当地的朋友，“完全靠地租，想生活得相当舒服需多少田？”我得到的回答是“400亩上下”。我知道有几家亲戚有田在二三百亩左右的，他们的生活实在赶不上一个有几十亩田的自耕农。省俭之成为中国一般的性格实有它的经济基础。主观欲望上的约制使租佃关系中紧张程度得以减轻。

中国传统租佃关系里还常充满着人的因素。这因素又被儒家的“中庸”、不走极端所浸染得富有弹性。我幼年常听祖母讲：有些下乡收租的地主非但没有收到租反而放了一批赈。我提到这事实，并非说中国地主阶层怎样慈善；很显然的，如果都像这种放赈式的收租，这阶层早就不存在了，而且我也知道有地主把佃户的女儿都拉回家做丫头的。但是我要借此指出的，在传统的礼教中确有鼓励不走极端的力量，在消弭租佃之间的冲突。有人不妨说这是猫哭老鼠的假慈悲，这是地主剥削农民的力外裹着的糖衣。我并不反对这说法，我只要说明，此假哭，此糖衣，确曾减少过农民反抗的可能。

另一方面足以侵害地主利益的是各种各式的暴力集团。在人口增殖，生产无法扩大的局面里，以暴力来取得财富的方法永远是引诱人的。如果地主得自谋保卫，他们不能不讲组织，讲武备，警觉性也够维持他们一点生气。但是在中国却发生了传统保镖性的皇权。皇权的最后成分是暴力，它的形成是由于被需要安定的经济力量所招安，以按期的报效代替周期的被劫掠。这过程是我们熟悉的，从上海乞丐头儿起到大小帮会，以及边地的保商组织，都是这一类。梁山泊那样狠的好汉，也难免“招安”的梦想。这其实是暴力集团升沉的自然史。中国历史上贵为天子的，无论胡汉，还不都是以劫掠始而以收税终吗?

从地主阶层说，他们自己是不武装的，但是利用着暴力集团间的矛盾，以暴制暴地选择他们付保镖费的对象。保镖的目的在获得这笔钱，如果有其他暴力团体兴起了，最初是剿，剿不了则抚，抚不了就得拼，拼不了就让位，这是改朝换代。不要说得太远，就在我幼时，军阀们争雄的时候，我知道得很清楚，军阀打是打他们的，老百姓只要先躲一阵流弹，再希望不碰着败兵，最后自有商会出来劳军，一切如旧；劳军过后还在城门口看到几个扰民的小兵的头颅，旁边是一张“安民告示”——换了一个保镖。

这个降伏了其他暴力集团的皇权，如果认真要统治起来，侵害地主利益怎么办呢？这里又碰到了我已说过的传统对皇权的两道防线了，这里不再重复。

中国地主阶层并不是一个突出的特权集团，而是经了长久的位育，在内有着免疫性，在外有着一道道的防线，使他们可以在一个稳定的农业经济里，过着寄生性的生活。研究寄生虫的生物学家常会告诉我们有关这类动物的无数难于置信的寄生本领，生理和环境真是神工鬼斧般的配搭得巧妙异常，没有这一套，这类动物是无法生存的。但是因为它们的专门化，一旦环境改变了，也常是最先淘汰的，它们没有积极谋适应的能力。当我着手分析社会上寄生性的特权阶层时，也不免常引起这种感觉；他们的生存和繁荣不是靠他们个体的能力，而是靠着微妙的制度上的搭配。因之，他们对制度上的变革必然是厌恶的，保守性也特别强。

· 传统性格阻碍着新生

当我在客观的立场去分析中国地主阶层的合理出路时，我觉得只有从民族工业里打算，但是再去看一看这阶层的特性，未免使我为他们担忧了，因为由于他们历史上的特殊社会地位所产生的性格和现代工业所需的才能很不相合。这件事实可能足以部分的解释为什么我们和西洋接触已有了一个世纪，而民族工业还是这样幼稚（把一切责任放在帝国主义身上是不够的）。

首先我可以提出来说的是对于技术的贱视。上面已讲过贱视技术是维持稳定的社会所必需的条件。贱视技术的结果使地主阶层里的人物和工艺隔离了。工艺是人和自然的接触，改造自然以为己用的活动。生产活动也就是取用于自然的活动，所以基本上是工艺性的。脱离了生产的地主阶层无需讲求工艺，转而因害怕工艺的发达会威胁他们利益所寄托的社会结构。嫉视工艺，称之为淫巧，称之为末技，称之为玩物丧志，不但把社会上可能的技术进步遏制了，而且自己和自然之间立下了一道鸿沟。于是文艺代替了工艺。文艺是象征标记的玩弄。工艺本来也不能完全不求助于象征标记，算术和科学是从工艺里发生出来的，但是这里的象征标记最后要在自然现象里实证的，只是手段性的；文艺里的象征标记却不须实证，它们可以直接给人感情和思维上的满足。对自然本身缺乏实用性的兴趣，使实证的科学，甚至写实的艺术，都无从发达。中国传统以地主阶层为基础的思想和学术，很深刻地表现着这种特性。

厌恶及贱视和具体事物的直接接触和运用，使这种人对自然现象缺乏感情上的爱好。中国的文人特别不惯用手去抚弄物件，高贵的姿态是把双手放在袖子里。从小好奇心就被限于在冥想里得到满足，孩子们可以和玩具绝缘，更谈不到自由地制造和破坏，连沙泥都不准染指的。这一套教育和整个成人的生活方式相衔接，相配合。技巧不入上流。

这种人所关心的是社会身份，在人家眼睛里的贬褒，俗称面子。在衣着上要和非运用双手不能谋生的平民划出区别。尽管穷，长衫是不进当铺的。身后要跟着侍从，使唤人，一方表示是役人的身份，一方可以避免和自然多接触，用象征标记来驱使环境，获得满足。传统对于享受的定义显然和西洋的概念差别很大，西洋的所谓享受是以能使用的物资的多少来衡量，而中国传统却以使唤的人数作标准。

这一套和工业组织所需要的精神真是格格不相入。工业基础是技术，是双手接触自然，是在支配自然里求表现和得到满足。我曾有机会在战时后方的一个规模相当大的工厂里去住过，员工人事的摩擦最大的起因，并不是绝对的待遇上的不平均，而是相关于身份的荣辱。实际上收入比职员为高的工人不安于自己的地位，宁愿做职员，坐办公厅，使唤人，胸前别一个徽章。这并非是工人们不谙计算，而是员工之间身份的划分太明显，态度上充满着歧视。这里利用现代机器的还是那传统的社会结构。一个工人对职员“没有礼貌”可以构成被开除的理由。一个毫没有工厂经验的留学生或是大学毕业生可以得到工程师或随习工程师的位子，他们决不会去做工头，不会住在工人宿舍里，不会在工人食堂里吃饭；而一个没有进过高等学校但富有经验和才干的工人，也极难得到负设计、管理责任的地位。这种分化，尤其在国营工厂里是如此，被称为“资格”的鸿沟，反映出中国的传统社会结构的素质，我想，这也是阻碍着中国工业现代化的一个不太使人自觉，实际上却极致命的势力。

我在这里所提到的不过是这病症的一个症候，其他类似症候还多，但已足以使我们看到背负着这一套生活方式的地主阶层的子弟们即使有机会去向工业里谋出路，他们的习惯，包括手和脑，是否能适合于这路上的工作，实在很成问题，何况大部分的人还没有在这路上去谋发展呢？最能吸收这种人的职业是所谓“公教”，“公教人员”现在已成了个十分熟悉的名词，甚至很多从事工业的人，因为国营工厂的发达，也可以包括在这名词之中。这个新名词在旧词汇里就是“衙门”里的人物。衙门本是传统地主阶层，也称士大夫的出入之所。与其说中国的新事业改变了传统，不如说它们被传统所同化，成了装旧酒的新瓶子罢了。

我在上一篇乡土复员论里曾说起为地主阶层打算得及早放弃土地另谋经济基础，在本文里我想指出的是该放弃的不只是有形的特权，而且必须把从这特权里所养成的那一套生活方式，包括志趣和态度，一起连根抛弃。这是一个时代所给的考验。

当我发表了上一篇乡土复员论之后，曾接到若干来信，其中有一位质问我是否想以资本特权来代替土地特权，想转移阵地，放弃农业夺取工业。更问我是否想为地主阶层做谋臣策士。我觉得这些质问的确很中要点，我承认自己虽已属“没落的地主”或已抛弃了地主身份的人，但确自觉有为这个进退两难，前后夹攻下的阶层，考虑他们的前途的责任。这阶层在现在还是存在着，是一个事实，它是个历史的产物，在时代的巨变中进退维谷。我并不想在维持地主阶层特权的前提下作打算，而是想怎样为这阶层里的人求一条合理的出路：怎样才能使他们可以放弃这事实上既不易又不值得维持的特权。

我也曾想过所谓“转移阵地”的说法；详细一些说，就是由政府发行土地公债，使地主在获得报酬之下把土地脱手给农民，把地租改为利息，再把他们的资本投入工业。这办法对于地主是有利的，真是所谓“以资本特权代替土地特权”。但是这种办法还是解决不了基本问题。且把农民能否担负债务的利息的问题搁开，从地主本身说，如果他们维持特权的身份和附着于特权的那一套生活方式，他们并不能在工业中开拓出一个新的基础来。地主阶层如果不自己去经营工业，找什么对象去继续他们的寄生生活呢？对于这些问题的考虑，使我写下这第二篇乡土复员论。我在这里可以回答那位朋友的是：我确是认为只有“放弃农业，开拓（不是夺取）工业”才是现有地主阶层应当采取的道路，但是同时他们必须放弃特权，把他们这阶层的性质由寄生而变成服务。

现代工业技术的下乡

· 提高农民生活程度的道路

普通一个农家的收入有下列几个来源：(一) 农田上的主要作物，(二) 辅助作物，(三) 家禽家畜，(四) 贩运，(五) 出卖劳力，(六) 乡土工业。他的支出大体可以分为下列几个项目：(一) 衣、食、住、行、娱乐、宗教、医药等日常生活的维持费，(二) 婚丧等生命关节上的费用，(三) 保卫、社戏等社区公益费用，(四) 捐税，(五) 地租，(六) 灾祸、劫掠、敲诈、瘟疫等意外的打击。

想提高农民的生活程度，主要的是增加支出中的第一项。增加的方法不外提高收入和减少其他项目上的支出。最理想的是收入中项项都能提高，其他支出项项都能节省。但事实上并不能如此，于是不能不有所偏重。在收入上，我们得看哪一项最容易见效，而且最有希望，限制比较最小；在支出上，我们得看哪一项最应当减少。所谓“应当”是指以农民健全生活为标准。

我在讨论土地问题时曾提到地主阶层应放弃特权，是从农民支出方面着想的，地租在经常的支出中所占成分很高，要提高农民生活程度（即使要达到不饥不寒的小康水准），决不能继续像过去和现在一般把这样重的一块磐石系在农民颈上。这就是“耕者有其田”。我这样说并没有忽视支出的其他项目。和地租同样在压迫农民生活的，有时甚至更压得紧的，是最后一项。这一项应当包括各种非法的摊派，供给过境的军队的消耗，以及各种强拉的工役。如果把这些划到第四项，则捐税也就成了亟该减轻的项目了。这些是比改革土地制度更紧急的，但是因为这是不易发生异议的，所以我也没有特别提出来讨论。

农民担负的减轻是乡土复员的前提，但是单从这方面下手，我们可能提高农民的生活程度还是很有限的。所以我曾偏重到收入方面去讨论这问题。这种偏重并非认为减轻支出的那一方面可以缓办（若干批评我的朋友在这点上有误会我原意的），而是认为我们应当做得比这些更多一点。更应该多的那一点是我所提到的乡土工业。

我对于乡土工业的意见，又曾引起许多批评，因之我想在这里再谈一谈。我们如果看一下我所列下的农民收入来源，从收入数量上说，（一）（六）两项比较最重要。在比较繁荣的乡村中第六项的收入甚至可以和其他项目的总数相等。也正是这一项在过去几十年中跌落得最凶，这个事实我想很少人能否认。于是我提出了一个问题：在这许多可能得到收入的项目中，如果我们想设法增加的话，最可能入手的是哪一项？

在设法回答这问题时，我曾请教过农业专家，如果我们利用一切科学所给我们的知识，像选种、除虫、加肥等等，土地生产能增加多少？有的认为不过20%，最高的估计可能到100%。即使做到加倍的程度，可以增加的限度还是很低。当然这是在作物不改变的前提下所作的估计。董时进先生曾指出过：如果要在农业本身去谋农民经济的改善，直接从改良作物入手不如从改种经济作物入手为有希望。经济作物是指值钱的作物，也是指作工业原料的作物，好像油桐、桑麻等。

我所想的，其实不过是再推进一步：如果农民把经济作物的收获直接当原料卖出去，不如在可能范围里自己加工，甚至制造成了成品出卖，在收入上讲应当更上算。这就是把农业联上了工业了。这其实也就是我们传统乡土经济的方式，在和西洋现代工业势力接触之前，我们乡村中本来是有相当发达的工业的。我也认为乡土工业是形成中国小农经济的一个重要因素。我这种分析使若干读者认为我主张退回闭关时代的经济形态，于是各种“梦呓”“幻想”等名字加到了我的身上，而忽略了我一再着重的“乡土工业变质”的主张。在这些读者看来，乡土工业必然是落后的，是手工的，是封建的，是小商品生产的。其实在动力、技术、社会关系（生产者和原料及生产工具的关系）、经济组织各方面都是可以变的，而我要提出来讨论的正是乡土工业的内容应当怎样安排，谁知道这些问题竟会这样容易的在几个时髦的名字之下被罩住了？

·为了农业的收入着想

在进入乡土工业内容的讨论前，还有几个先决问题得说一下。首先是我们何必维持这种农工混合的乡村社区？在这种社区里，工业的现代化会受到限制，为了工业着想，这种方式是要不得的。关于分散在乡村里的工业在现代技术的应用上有它的限制，这一点我充分同意，下面还要提到。我的出发点却并不是“为了工业着想”，而是“为了这三万万几千万的农民着想”。为农民着想，工业如果离开了乡村，试问他们从哪条路上去提高他们的收入呢？主张工业集中在都市里的朋友们曾答复这问题：“他们可以离开乡村进城来当工人。”这句话是不错的，假如都市工业能很快地把乡村人口吸收到都市里去，使留在乡村里的农民能得到完全靠土地生产来维持生活的农场，这问题自然简单了。我们且不必希望每个农家能像美国那样有四五百英亩的农场，只求增加一倍土地，每家有10英亩的土地，都市就得收容近2万万的人口。如果能这样，中国将是世界上空前的都市化的国家了。我们的资本、资源、人才各方面全够不上这条件（吴景超先生在他的《工业化过程中的资本与人口》一文中曾分析过这些条件）。于是主张都市工业的人不能不附加一个降低人口的条件了，俾佛利支先生的乌托邦里中国只该有3000万人，不到现有人口的十分之一。说我提倡乡土工业是梦呓和幻想的朋友，不知道曾否考虑到大规模工业化有多少可能？

我个人也是主张减少人口的，但是我认为在事实上中国能维持现在这数目不再增加已经不是件易事。所以在我们为中国经济前途打算时，最好承认这庞大人口的事实，那也就是说，中国农场扩大的可能很小；至少还有很长的时间，我们不易脱离小农经济的基础，于是我们的问题并不是都市工业效率高呢还是乡土工业效率高？而是我们求工业的充分现代化而让80%的农民收入减少，生活程度降低呢还是求农民多一点收入，而让工业在技术上受一点限制？我的选择是后面这半句。有朋友为我“惋惜”，但是叫我怎样使人家不“惋惜”呢？中国的经济条件拉着我，插不起翅膀飞向“前进”，如果这是落后，落后的不是我的选择（谁不想一转眼中国就有美国那样多的工厂），而是我们这个古老的国家，这片这样多人耕种得这样久的古老的土地。承认限制是自由的开始，我们还得靠这片土地一步步求解放我们经济的束缚的方法，第一步就是在小农经济的基础上谋农民收入的增加。

如果都市和乡村隔得开，都市能孤立地发展它的现代工业，主张都市工业的朋友们尽可不必考虑我这种被称为“迷恋于过去”的论调。困难的是如果乡村不能繁荣，农民收入不能增加，都市工业尽管现代化得和西洋媲美，工厂里出产的货品试问向哪里去销售？工厂不是展览会，不是博物馆，没有市场就得关门。让我再问：除了给农民工业，有什么方法能有效地增加他们的收入？一个即使能做到不饥不寒的乡村，还是很少有余力来胃纳强大生产力的都市货物的。

乡土工业这个名字，我知道是不够漂亮，不够生动的，但是在这乡土中国，漂亮和生动常等于奢侈：让我冒着“落伍”的指责，再回到乡土工业上来说说罢。

· 电和内燃机使现代工业分散成为可能

我所谓乡土工业包括下列几个要素：（一）一个农家可以不必放弃他们的农业而参加工业，（二）所以地点是分散在乡村里或乡村附近，（三）这种工业的所有权是属于参加这工业的农民的，所以应当是合作性质的，（四）这种工业的原料主要是由农民自己可以供给的，（五）最主要的是这工业所得到的收益是能最广地分配给农民。

根据我这样的说明，就可以知道我并不主张：（一）一切工业都分散到乡村中去，（二）一定利用手工生产，（三）全在农家家庭里经营，（四）商品由各家分别出售。把这几个误会挖走后，我可进而讨论动力、技术、规模、组织等问题了。

传统的乡土工业是手工生产的，因为在传统经济中没有其他可以分散的重要动力。当工业革命开始的时候，主要的发明是蒸汽动力。用蒸汽来做生产动力，机器的位置给规定了集中在一地的形式。蒸汽所推动的引擎（发动机）和制造机之间必须有一根皮条连着，所以这两种机器愈靠得近愈经济。因之早年的工厂形式是许多制造机中间拥着一个锅炉，锅炉上是一个烟囱，正像一个火车头拖着一大串车厢，节节连住，不能脱链的。烟囱也象征了工业。货物的运输靠火车，火车有一定的站，不能零零星星地把货物运送到分散的栈房里，货物的散集必须有个中心。这样立下了现代集中式工业都市的形态，那是蒸汽动力的产物。

电力的应用把工业的区位改变了，这时代象征工业的不再是烟囱，而是蛛网形的电线。19世纪的伦敦是个黑雾的都市，现在雾并没有改它的浓度，但是煤灰减少了，雾也白净得多了。电，这个使工业能分散的动力，把工业推进了一个新阶段。美国靠了 TVA 这类水电工程，使工业深入了南部落后的区域。那是因为电超越了区位的限制，发电机和制造机之间无须有一定的距离。

中国乡土工业的复兴必须以这种新动力作基础。有了这种动力，我们才能依每种制造过程的性质去安排工厂的规模和位置。

我是对扬子江水利工程计划抱有巨大希望的一个人。当抗战还在进行，萨凡奇先生冒险调查了这中国经济复兴的命脉回来，宣布这难于上青天的蜀道所能供给半个中国的电力时，我觉得我的乡土复员论有了物质的基础了。这工程计划听说现在已被搁置，“扬域安”这个名词也好像已经入睡，但是只要蜀道尚存，我相信总有一天，它会向广大的乡村输入复兴的血液。只要我们有一个为中国人民生活打算的政府，这金饭碗决不会长久埋在土里的。我诚恳地希望喜欢用幻想来塞人口的朋友们，不要用同样的方法来对付这类计划，和从这计划所允许给中国人民的幸福。

内燃机的发明和在运输上的应用，卡车和公路的发达，更使货物的散集不必集中在少数据点。电话和航邮又使经营上的往来减少了密集的需要。这种种技术上的进步，使分散工业不成为幻想了。为了避免空军的袭击，英国的战时工业就尽量利用这分散原则，在工党执政之下，更注重工业落后区的复兴政策。军事的立体化促进了工业的分散化。这是当前工业区位组织变化的趋势，我想“落伍”两字在这里似乎不太能应用，除非把历史倒看。

·一段历史的教训

技术的改变，不但会影响工业的区位，而且会改变工业组织的结构和财富的分配方式。新技术常会成为少数人的特有机会，造成社会新的分化形态。最近曾和吴晗先生讨论这个问题，他告诉我一段中国历史上关于水碓的故事。碾是除去谷类外皮和把谷粒碾成粉屑的过程，在农业中是一种极基本的工作。传统的技术大多用人力和畜力，但在公元3世纪中叶，司马昭当权时，已有人发明了利用水力来碾谷类的技术。这在中国经济史中是极重要的，因为传统的生产技术中，唯一被利用的无生能力就是水力。用水力代替人力，据当时估计，可以有百倍的利益。唐代高力士所用的水碓，“并转五轮，日破麦三百斛”，规模已经相当大。如果从那时起，这种技术能普遍推广，加以改进，到1600多年后的今天，中国乡村里应当可以有相当发达的利用水力的工业了。但是事实上却不然。

水碓规模大，建造时需要资本；水道不是私家的，利用水力需要权力；利益大，引诱人，争得凶，需要不怕势力的地位——这是说普通农家是没有份了。这个重要的发明，一起首就被豪门巨室所专有了。他们有钱可以投资，有势力可以占用沟渠，甚至妨碍灌溉，大发其财。《晋书·王戎传》曾说这位豪门的“水碓周遍天下”。这新的技术一方面引起了和农家水利的需要的冲突，另一方面引起了权贵间的争夺。这种专以谋利为目的的新工业，并不能和农业的需要相配合。许多本来作灌溉之用的沟渠被豪门的水碓所截袭和改道，以致影响农产。单以公元764年在长安城北白渠上拆除了的硙碓70余所说，就增加了粳稻岁收300万石（《唐会要》）。权贵中间的争夺火并，更有很多记载，从唐开始，我们看到政府一再下令拆除水碓，宋金皆著为禁令。这个新技术也就逐渐衰落，至少也不能好好利用来为人民服务了。到现在内地农村中大多数农家还是用着最简单的杵臼在舂米。我住在云南呈贡时一进南门街上就有一个石臼，时常看见有人在舂，象征着几千年中国技术的没有进步。我听了水碓这一段历史，更使我警惕，一个技术如果不能配合在人民的需要里，作为提高人民生活水准之用，被冻结还算是幸事。

我追述这段历史并不是想对现在正在采用的新动力作预言，说它也会有被冻结的一天，但是想指出如果新动力所开放出来的经济机会不分散到大多数人手上去，一样会引成豪门的独占，一样会在人民生活上引起恶果。利用新动力和新技术的人数愈多也愈能保证它不会危害社会，而得到正当的利用。这是我主张我们不应当走上西洋资本主义的路上去发展我们新工业的理由。

若干在原则上，同情我的朋友觉得怀疑的是我所主张的乡土工业因为规模小，不能大量生产，成本高，不能和西洋大工业的出品竞争，所以尽管用意很好，恐怕不太切实。关于这些问题我将在下篇里提出来从长讨论。

分散在乡村里的小型工厂

我在上篇说明了因为电力和内燃机的应用使现代工业已有分散的可能，但是这只是指一部分工业而言的，主要的是轻工业，日用品的制造工业，以及作为工业原料的农产物的加工。我所希望在乡村里发展的就是这一类工业。有朋友曾向我指出技术上的可能并不就等于经济上的值得，因为电力只解决了动力问题，内燃机只解决了运输问题，而大规模生产的利益却在分工的细密，屑物的利用，专家的雇用，管理的合理，以及利用复杂的机器，有能力作试验性的改良。这些在小规模的乡土工业中是做不到的，因之乡土工业是不经济的，不经济的事业是站不稳的。本文想就这个问题申论一下。

· 乡土工业的规模

批评我的朋友们心目中以为乡土工业必然是在家庭里经营的，而且和乡土工业对照的却是福特汽车工厂一类的现代工业，于是觉得把现代工业分散下乡是一件不可思议的事了。乡土工业固然也可以包括家庭工业，但是并不限于家庭工业。如果我们能利用了新的动力，乡土工业的规模也就富于伸缩性了。传统乡土工业规模之所以不能扩大，还是因为受了动力的限制。在利用有生动力（人力和畜力）来生产的手工业中，机械的应用也受到限制。在一段制造过程中要有多人合作是极困难的，因之最普通的是一个人一个单位。几个布机挤在一间房里不过是为了热闹或是为了房子不够用，从技术或经济上说是无此需要的。这也是家庭工业的技术基础。在若干手工业里也有把全部制造过程分成若干段落来完成的，纺织工业里纺和织时常分开，在织的一段里也可以把经线工作划出来。这些段落并没有必须在一个地点，甚至不必在太接近的地点经营。譬如现在云南织布中心的玉溪，纱是向昆明纺纱厂购买，经线的工作是在玉溪县城里，然后发到农家去织。有些手工业却不能这样，譬如云南易门的土纸业，舀纸和炕纸是分工的（舀纸是用帘子从纸浆里舀成纸模，然后在炕上烘干，就是炕纸），但纸模不能存放太久，所以这两部分工作，虽各有专工，却得靠近在一起，形成小规模的作坊工业。

在现代工业里，用了无生动力（蒸汽力，电力等）使制造过程可以分得很细，各节制造工作间的关系也因之更密切，所以必须在一起工作的人数增加了。但是这并不是说人愈多工作效率也愈高，每种工业依它的技术的需要而决定它制造单位的规模。制造单位并不一定等于经营单位。经营单位是工厂；在一个工厂里可以有若干制造单位。这些单位可以在一墙之内，但也可以分在各地。抗战时后方的大工厂常有把各个制造单位分得很远的。

制造单位的规模是以技术来决定的。譬如在制丝工业里，缫丝的蚕茧必须在一定温度里煮过，煮茧的设备和缫丝机必须靠近在一起，而一个煮茧机里所煮的茧量却可以供若干缫丝机之用，所以一个最小的制丝单位，在现有技术下，必须包括若干缫丝机。这说明了一定的技术有一定的规模，小了会不经济。但也不是可以无限扩大的。

在重工业里大规模的制造单位是技术上所必需的，但是在很多的轻工业中制造单位一向并不很大。1928年上海1498个工厂里有1071个（占全数71%）是在90个工人之下的；有312个（占全数20%）是在30个工人之下的。这可以说明在上海一样的都市中也并不像一般人所想象的全是福特汽车厂这样的大工业。那些90个工人之下的小型工厂假如有电力可以利用，全可建立在乡村里。如果这1000多个小型工厂分散到了乡村里，我相信比起集中在上海，对于乡村人民经济上的帮助一定可以更可观。

·手工和机器的配合

有些朋友把手工业和机器工业视作相对立的，因之认为乡土工业必然是手工业，因之也必然没有前途。事实上即是在高度机械化的制造工业里，手艺还是有重要的地位，在普通的轻工业中手工的成分也常占很大的部分。在都市里的工厂很多用手工来做的部分也包括在厂内，所雇用的工人因之也显得多了。在乡土工业里这些手工的部分尽可保留在家庭里，而把需要机器的部分集中在小型工厂里。手工和机器正不妨配合起来，韩德章先生在《战时农村工业的新动向》中曾说：

> 以制糖而论，旧法榨糖，蔗汁混入杂质颇多。煮糖之际，一部分蔗糖经高温而转化，以致减少结晶糖的出量，且旧法制造白糖，只凭重力滤去糖蜜，耗费时日，仍难获纯净的产品。倘使改用机器榨蔗，用压滤机除去杂质，用真空釜浓缩蔗汁，用离心力分蜜机去除糖蜜，则上述诸困难迎刃而解。这样新式作业一样可以用小规模的设

备在农村生产。战前浙江金华蔗糖合作社的联合社，曾建议筹设小规模机器制糖工厂，其全副机器设备，均可采用国产，且代价不过数千元，轻而易举。同时这种小规模的机器制糖设备还有一种长处，就是每种工具均能单独使用，可以随时同手工作业配合。如自土榨榨得蔗汁，亦可以用真空釜浓缩，人工煮制的带蜜糖，亦可用离心力分蜜机去除糖蜜。人工不足的作业，可用机器代替，节余的人工，仍可从事其他不必需机器的工作，因此在这样的糖厂里，可以用小规模的设备，完成大规模的作业，可称一举两得。战时农村手工业的局部利用机器，已有显著的效果，如四川铜梁实验制纸工厂，采用机器打浆，手工抄纸，成绩斐然可观。因为在制纸工程中，用手工打浆，人工最费，而机器抄纸设备最昂贵。今以机器打浆，手工抄纸，则截长补短，恰到好处。由此类推，烧瓷程序中之舂泥部分，织帆布或麻袋程序中之打麻部分，亦可以设法利用机器，而以手工完成其余不费人力的部分。

韩先生更列举“如制造油漆、油墨、洋烛、假漆、滑润油、漆布、肥皂所需之植物油料，制炼精糖所需之土糖，制酒精所需之糖蜜（制土糖之副产），制调味粉所需之面筋，制蚊香所需之除虫菊粉等等，都可以用农村手工业的方式先行农产加工，再供新式工业原料之用”。而且“反过来看，在农村里织布、织袜、织毛线衣，以及制造熟皮器、漆器、金属器、抽纱、挑花、丝绣、毛毯、地毡、人造果汁、混成酒等等，都是以新式工业所生产的半制造品为原料，施以加工，而制成可供直接消费的制造品。可知若干农村工业借着新式工业的树立而存在。如能利用二者之特性，取得密切的联系，平衡发展，则吾国工业化的推动，必能加速”。

这是说在都市中本来挤在一厂内的手工和机器的两部分在机器工业却可以分散，机器部分集中在小型工厂里，手工部分则仍留在农家，这可以说是工厂的社区化，整个乡村可说是一个工厂，小型工厂是个核心，核心的规模可以技术的需要而规定。如果我们立一个笼统的标准，说在90个工人之下的规模可以普遍适合乡土环境，我们相信有很多的轻工业可以这样地吸收在乡土工业里去了。

在制造过程上，机器加工的一部分在必要时甚至可以移出乡村，成立为农家生产的原料及已经加过工的半制造品精制的服务工厂，关于这一点在讨论乡土工业的组织里还可提到，暂时搁开。

· 乡土工业中的成本问题

这些小型工厂在技术上说是可以建立在都市里也可以建立在乡村里，从经济上说各有各的弱点和优点。在都市里的优点是大家看得到的，主要是在经营上的便利，而且靠近运输中心，在原料及配料的获取上也比较方便。这些乡土工业可能比不上都市工业，但是这些弱点是可以克服的，那也入于我在下面将提到的组织问题的范围。乡土工业在经济上的优点却有都市工业所不易得到的。最主要的在我看来，是乡村工业中工资较低。维持同样的生活程度，乡村中所需的费用较都市里便宜。粮食和房租，也就是生活最基本的吃和住，在乡间价格较低。因之同样的劳力，在都市里的成本高。

从生活程度说，乡间也比都市低，因之乡间居民维持生活的费用也低。我这样说是就提高生活程度的过程中而说的。我们最终的目的固然在拉平城乡生活程度，但在这过程中，乡间居民还得利用他们较低的生活要求去培植他们的生产机会（在讨论乡土工业的资本问题时还要提到这一层意思）。还有一层我们得考虑到的，就是最尖锐的竞争将在输入的工业品和乡土工业产品之间。在这竞争中，在技术、组织、经营各方面，乡土工业至少在初期，必处于劣势，所以可能设法减低成本的主要因素将在工资一项。日本工业的所以能和西洋工业相竞争也就靠这一点。

我知道这里又会引起一种误会，说我在主张日本式剥削劳工的制度了，所以我立刻要说明，我这里讲以便宜劳力来减少生产成本并不指资本主义工业组织中的剥削方式，而是在劳动者自有或公有生产工具的组织中出现的方式。让我再申说一下：因为乡村劳动力便宜，所以在传统的较发达的乡土工业中曾发生剥削性的方式。譬如云南玉溪的织布业：乡民向布庄领取原料织成布匹后交回布庄，所得的工资，经我们的计算，竟低于劳动者个人所需的食粮。布庄把成本较都市出品为低的布匹出卖，得到很多的盈余。这是剥削方式。我在下面所要说明的乡土工业组织，将指出这种中间层的剥削是阻碍乡土工业的主要因素。如果把现有布庄的盈余分配给织布者，劳动者所得的收入可以增加很多。在这里我还要进一步说的，如果我们做到了这一步，乡土工业里的劳工还是不能希望能赶上在西洋劳工的收入水准，那是因为我们的技术、组织、经营方式一时决难赶得上他们。这就是说，剥削的中间商人取消了，我们还得要在较低的生活程度去和西洋工业相竞争才有希望。这就是我在《黎民不饥不寒的小康水准》一文中所说："在已经成熟的西洋侵略性的工业经济的滩头，要确立我们民族工业的阵地，在策略上大概不能避免走上复兴乡土性工业的路子"的原意。

有人可以说以便宜劳力来和西洋成熟的工业相竞争并不一

定要把工业建立在乡村里。这是对的，我只想说在乡土工业中最易发挥这条件的效力罢了。我刚刚提到玉溪织布业的情形就不易发生在都市里（虽则双方都实行着剥削制度），因为在都市里工业至少要能供养工人们最低限度的生活，饭都吃不饱，工作也无法进行；在乡间，一个兼营农工的家庭，各项的收入是统筹的。我们曾问过那些织布的媳妇们，工资既然这样低，为什么还要做呢？她们的回答："反正空闲着，织织布也可以贴补贴补。"一方面这是说生产机会的狭小，使她们没有其他选择，另一方面是说在这情形下，农业正在津贴工业。我们要分析乡土经济必须从农家的单位出发，各种生产事业配合了维持这家的生存，因之使农工双方都富于伸缩性。同时也因为这种配合，农家转业的速率也低，除非破坏了这家庭结构。

如果我们民族工业的建立必然要经过一段艰难的过程，这艰难的过程中不允许担负很高的工资的话，乡土工业是最能适应这过程中的条件的。当然，我决不是说我们只从工资一项去抵拒输入工业，那是太惨了（虽则现在的情形确是这样），其他方面同时得努力，譬如国家的保护政策，包括关税和津贴，而且我们还得在技术、组织和经营上努力设法，使这艰难的过程缩短。这是下篇所要讨论的问题。

乡土工业的新形式

技术的改进是提高生产力所必须的条件，一个社会的生活程度最后也决定在生产力，但是单就技术上求改进却并不一定能提高社会上大多数人民的生活程度，因为这里还包含着一个分配的问题，那就是，从新技术中所增加的生产结果不一定能分给社会上大多数人民的。我在上面曾举出一个我们自己历史上利用水力的故事来说明新技术一旦被少数人所独占了，对于普通人民所引起的危害。这种例子其实不必在很古的历史里去寻找，我们眼前所见到的经济情况，尽够我们体悉这句话的正确性了。

在一个充分利用体力劳动的经济里，引入一种新的动力，必然会有许多出卖劳力的人失去出卖劳力的机会。这些人如果分得到新动力，或是可以得到其他不必再靠劳力（指以体力作生产动力）去谋生的工作机会，我们可以说对他们是一种解放。没有人应当主张维持体力劳动的经济，对于新技术自没有反对的理由，但是我们决不能忽视，新技术如果没有新的社会组织（尤其是分配方式）相配合，也极可能引起对人民生活上有害结果。问题不是在新技术应否采用，而在怎样可以对人民有利地应用这些新的技术。在封建性或官僚性的社会中引入新技术就很难避免水碓故事的重演。新技术所带来的生产结果怎样能最有效地分到人民大众的手上是提倡新技术的人有责任推求的问题。所以我在上篇中说明乡土工业的性质时曾在第五点里强调说：“最主要的是这工业所得到的收益是能最广地分配给农民”。在这里可以加一句：因为中国最大多数的人民是农民。

我并不愿意说主张在都市里发展大工业的朋友们一定代表少数可以独占新工业的特殊阶层的利益，所以忽略了我上述的原则。他们在发展都市大工业计划中也可以设计出一个方案来，使新工业的生产结果有一部分回到大多数中国人民所住的乡村里去的。譬如英国现在所实行的农产品津贴制度，以及由国库担负乡村住宅及其他公益事业的改良计划，另一方面厉行累积所得税，把工业里得来的生产结果灌入经济落后的乡村。那是个大循环的迂回路线，在原则上是极值得我们注意的，但是要在中国实行这种政策则还缺乏若干必须的条件。即以英国说，这些也只是最近几年来社会主义的工党政府所做的事，到现在还常被保守党所反对。工党能这样做，一方面是逼于时势，亟求粮食增产；另一方面是他们的工业发达，农村人口稀少，以多济少，有此能力。中国即使有个社会主义的政府，想采取这种迂回政策，脆弱和幼稚的工业是无力担负这巨额的乡村建设费用的，而且在都市工业发达过程中，至少在初期，所不能避免的乡村失业现象，已使乡村经济枯涸和社会骚扰到超过于可以救济的范围。所以我认为我们的情势并不合于采取这迂回的路线，而应当实行更广泛和更直接的方策，那就是我在这里提出的复兴和改良乡土工业。

怎样可以使乡土工业成为增进农家收入的生产事业呢？单在技术上求改良是不够的，所以我在本文将进而讨论组织问题。

·传统乡土工业的两种形式

在中国传统经济中虽有乡土工业，但是这种工业不但技术落后，而且在组织上更为原始。技术的停顿有一部分的原因就在组织的不良。让我先在这方面分析一下。

中国传统工业大体上可以分成三种性质：（一）皇家的独占工业，（二）民间的作坊工业，（三）家庭工业。举凡盐铁、军备，以及宫廷用品大部分是由官方所独占的（在此不必深论），民间可以经营的偏于日用品的制造，分别在作坊和家庭中经营；家庭工业和作坊工业是传统乡土工业的两种形式。我们在云南乡村中曾研究过这两种形式的性质，张之毅先生写过一个报告：《易村手工业》，我在这里不妨简略一述。

家庭工业，从经济功能上看去，可以说是“在农闲基础上用来解决生计困难的工业”。一个农家在从事农业之余（农业所需劳力是季候性的，平均不过一百多天）利用自有的或购入的原料，制造日用品，个别到市集上去兜售。这种农夫家并没有大量资本，所以常是随制随卖，在有市集的区域里，经常地兼做运输和商人的任务。譬如易村的篾器，好像竹篮、畚箕、篾箱等等，就是以本村所产的竹料，各家各自制造了各自出售的。这是最原始的乡土工业组织。进一步有商贩到村子里来收购，然后运到别的地方在市集或商店里出售。商贩可以预先和生产者约定，先付若干定费，使生产者可以购买原料。更进是商贩供给原料，像我在上面所提到的玉溪布业。玉溪的布业里还有两种方式：通常是农家用织好的布到布庄去换纱，换得的纱再织了布去换纱，每次可以多余一些，就是工资，没有资本的农家也可以赊欠原料。后来有个大布庄为了要提高品质，制造了新布机借给农家，并且把经线的工作集中在镇里，农家妇工只供给劳力，领取按件以货币计算的工资。家庭工业发达到这布庄散集制的程度，生产者已成了和生产工具、原料、资本脱离了的出卖劳力的工人了。

家庭工业的基础是农业里的剩余劳力，乡村的作坊工业却不然，它的基础是农业里累积下来的资本。因为土地权分配的不平均，一辈拥有较大农场的人家，还是能累积资金，这笔资金如果不窖藏，在乡村中有三个利用的方法：（一）高利贷，（二）投资工业，（三）收买土地。第一项利息最高，第二项次之，第三项最少。依易村的材料说高利贷是八分四，造纸工业是六分，地租是一分三。投资工业的吸引力相当高，于是发生了作坊工业。

作坊工业是指需要特殊设备，雇用技术工人的工业，好像造纸、榨油、碾米、烧窑等。特殊设备需要资本。以易村的土纸作坊为例，以民国二十八年（1939年）市价计算，每个作坊固定资本要2000元，常年开支1200元，合目前20万倍生活指数计算要6.4亿元。普通的农家自没有染指的希望了。这种作坊是由坊主经营的，但是在技术上则雇用工匠（也有由自家的子弟学习了技艺在自有的作坊中工作，最多是坊主的亲属）按件计算工资。出品在附近的市集中卖给商贩，也有商贩到村子里来收购。

这种作坊工业本来可以看作资本主义经济的起点，但是因为原料、运销的限制，企业不易扩大，在资本方面非但股份的方式不通行，而且沿用着农田的分割习惯，在继承过程中，甚至可以割裂经营单位。我们在易村就看见兄弟各自备原料，分期利用公有的纸坊。在经营上，更谈不到合理化的问题了。

作坊工业虽则在经营上并不考究经济原则，但是比了农田却利息高得多，于是有权势的人不会放松这好处。在没有法律保障的社会里，一切有利的事业不能和权势脱离关系的，豪夺强占，使平民望而却步。较大的作坊直接间接必须托庇在权势之下，成为官僚资本的领域。倚恃权势来维持的工业对竞争是免疫的，它不必在技术上求进步，经济上求合理，只要抓住独占的机会就好了。这种工业因之也不会发展的。工业里所得到的利益集中在少数人手里，对于一般平民是无份的。不但无份，这集中了的资本如果不能吸收在工业的再生产里，横流而入土地中，成为集中土地权的魔手。因之，在这类作坊工业附近的地区，佃户的百分比也比较高。坊主通过高利贷而成为地主。那是传统乡土经济中常见的现象。

· 家庭工业的合作组织

从上面的分析看去，如果在作坊工业的形式中去引入新技术，对于乡土经济不但无益，甚至可以有害，因为新技术将加速上述的土地集中过程，形成更悬殊的贫富鸿沟。如果想从家庭工业的形式中入手改良，组织散漫，制造单位太小，能做的工作极少。所以我们如果要复兴乡土工业，在组织上不能不运用新的形式。我在上篇所述乡土工业的要素中曾写下第三点：“这种工业的所有权是属于参加这工业的农民的，所以应当是合作性质的。”

我在玉溪研究织布业的时候，曾看到家庭工业自身演化成富于剥削性的布庄散集制度，因而想到如果布庄的所有权属于生产者时，生产者被剥削的情形就可以取消，同时却解决了家庭工业在购备原料，整理原料和运销成品中分别经营的困难。这里我又记起了江苏太湖沿岸一带乡村中育蚕合作社的情形来。远在20年前，江苏省立女子蚕业学校为了推广现代的育蚕技术，曾在这地区成立那种合作社。由育蚕的农家自行组织合作社去接受蚕校推广部的指导。推广部把特制的蚕种批发给合作社，在村子里选定适当房屋，培育稚蚕，称“稚蚕公育”，指导员可以依科学方法处理室内的环境，保证稚蚕的康健发育。经过了一定时期，然后在指导下分发到各家去培育。结成了蚕茧，再集合烘干杀蛹，合作运销——在经营上和玉溪的布业有相间之点，不同的是生产者在生产过程中的地位和所得的利益。布庄散集制下，生产者成了工资劳动者，而在育蚕合作社中，生产者却是整个生产过程的主体，蚕校的推广部是一个服务机关。这一点不同在经济组织上却十分重要，因为合作社的方式保证了生产者获得全部利益的权利，取消了剥削成分。

我在以前几篇乡土复员论中屡次提到知识服务的意思其实就是从这个事例里发生的。我在过去的20年来一直有机会从旁观察女蚕校推广部的工作，更亲自看到这几百个在乡村里用她们知识服务人民，使中国丝业的基础能逐渐现代化的女青年努力的情形，印象极深，使我认为这是一个极正确的道路。她们一直没有得到应有的宣扬，不像其他乡村工作者那样话多于事；不但如此，这种为人民服务的事业，在过去和当前的环境中，摧残和阻碍是经常的遭遇。日本为了要破坏中国的丝业，对此更作系统的破坏。当我去暑回乡时重见到乡村里合作社的朋友们，听见他们诉说胜利之后所有的逆境，看到这一个乡土复员的试验，已临垂危，真使我痛心。但是我在乡民对这种已证明对他们有利的工作的信心里获得了我自己的信念，如果知识能用来服务人民，中国现代化是绝对有办法的。总有一天中国会有一个为民服务的政府，这政府还得走这道路。

数千年来没有受教育机会的农民和现代技术之间必须有一个桥梁，这桥梁不能被利用来谋少数人的利益，而必须是服务性的。技术专门学校可能是最适当的桥梁，在英美也有这种例子，我在访问威斯康星大学时曾看见他们怎样参加该省农业改良工作；牛津大学农业经济研究所所长曾告诉我，他们怎样设立乡村服务站供给当地农民的咨询和研究各地的改良方案。这种机构在中国更重要，因为中国乡村里的人民和现代知识太隔膜，在组织上还得有人帮他们确立能维护他们自己利益的社团。女蚕校20年来努力的成绩是值得每一个想为乡村服务的人用来自勉自励的。

·服务工厂代替作坊

话说回来，在家庭工业基础上去建立合作机构，只限于育蚕、织布业一些能在家内小单位里经营的工业。我们在分析传统乡土工业中已看见规模稍大的作坊已经脱离家庭的基础。在这种工业里我们怎样去推行合作原则呢?

女蚕校的推广部在改良制丝时也曾发生过这问题。如果育蚕的人家把蚕茧出卖，他们只能得到生丝工业中一部分的利益，可是最有利的一部分却在制造生丝。在传统方式中，乡民是自家用土法制丝，分别出售给丝商。各家分别制丝在技术上受限制，出品不易改良到现代标准。女蚕校推广部曾推广过改良土丝的机器，但是结果所生产的生丝并不能出口，因之价值不高。后来在吴江震泽开弦弓村创立了一个小型的合作丝厂。设备的资本由学校作保向银行借贷，原料由社员供给，出品直接售给出口商，利益分发给社员，丝厂里的工人来自社员家属，按日付予工资，不分红利。在组织原则上是以供给原料的生产者为主体，做到了工业利益分配得最广的原则。

这种村单位的小型工厂，设立在电力供给不到之处，技术上限制还是太大，虽则出品的品质提高了，经营上不能合理化。所以推广部又试验代缫制度。代缫丝厂依技术的需要设计它的规模，承接各地育蚕合作社的原料予以代缫。生丝出售后，扣除生产费用，把余款交付合作社。在战前这种代缫制度已经试验成功，但是几个工厂都给日本军队烧毁，有一处曾经几次有计划的破坏，因为依日本自己刊物上所述，他们十分明白这种工厂在中国经济复兴中的重要性，去暑女蚕校在万般艰难中，得到妇女指导委员会的支持，恢复了一个厂。这一个嫩苗在目前风雨飘摇中还能存在，实是一件值得珍惜的希望。

我在上篇里曾说乡土工业的规模是有伸缩性的，在技术的需要之下，可以在合作基础上成立服务工厂，把那一部分不宜分散在农家的集中到村单位的小型工厂里，再把不宜分散在村子里的，集中到中心村里为一个区域中的原料生产者服务。譬如，我们继续推广利用生丝原料的制造事业，好像织绸、织袜、织绢以及制造其他用丝的日用品，有很多又可回到农家或乡村里去，出品再集中了在运销合作社的机构中推广到消费者手里。

在访问英国时我曾见过他们全国消费合作总社的朋友，交谈之下，他甚至向我建议，中国这类生产合作社如果发达到一个程度，他们消费合作总社极愿意发生关系，直接沟通国际间的生产者和消费者，这话虽则现在说来还是太早，但是这种可能性是值得注意的。这是反国际独占的一个方案，我愿意留这一句话给将来有志于国际合作运动的人去实施。

这种合作性的乡土工业我相信在原则上大多数朋友一定能接受的，技术上的困难也是可以克服的，问题是资本哪里来？关于这个问题，却需要另篇加以讨论了。

自力更生的重建资本

我在《乡土工业的新形式》的结尾曾提到中国经济复兴的资本问题。这问题是极基本的，不论我们想建设哪一种性质的工业，都会碰到它。因为如果我们不能有效地，而且相当迅速地蓄聚资本，我们一切建设计划都是落空的。同时，在我们设想中国工业化的过程时，也得注意到，哪一种形式的工业最能达到这有效和迅速蓄积资本的目的。

· 资本从哪里来

我们先得承认一个不太令人愉快的事实，那就是中国是一个资本贫乏的国家，这也是说，如果我们想提高人民生活程度，想提高生产力，想改良生产技术，还得先创造一个先决条件，增加资本。所谓资本是指生产者所能利用生产工具的价值，我们说中国资本贫乏是很具体的，意思是每一个生产者平均能利用的生产工具价值很低。最近汪馥荪先生在《经济评论》发表了一篇《中国资本初步估计》，对于我们资本贫乏的情形分析得很清楚。据他的估计中国平均每人分得到的资本约值7英镑，和英国相比，相差50倍。单以就业人口说，平均每人资本约值47美金（约12英镑），和美国相比，相差几达100倍。汪先生曾打了一个简单的譬喻："如果美国农人每人摊到一把镰刀，那么我们只好每100人共一把镰刀，如果中国农民每人也分到一把镰刀，美国一个农民当然不会要100把镰刀的。这就是为什么我们农人用镰刀而美国农人用百倍于镰刀的收割器。"

中国农民想用收割器，我们就得出钱来买，或是开工厂来制造。哪里来这笔资本呢？资本的来源不出下列若干方式：(一）抢劫，（二）人家赠送，（三）借贷，（四）自己省出来。抢劫固然不是正当办法，我提到这个办法因为国际间还没有共守的法律和道德时，一个国家为了急于要资本，历史上并不缺乏这类例子。早一些说，西班牙劫掠美洲，规模之大，相当惊人；英国有官许海盗专门路劫海上的商船。有历史家说，这是促进英国工业革命的一个要素。近一些说，德国的拆运征服区的机器，都属这一类的行为。我并不主张我们也去抢劫资本，所以不妨把这个可能性搁开。

在国际上大规模赠予资本是极少见的，为了军事需要供给物资，或是为了人道主义供给救济品固然有，但是纯粹为了经济发展而无偿供给资本的办法还是一种理想。近似的方式是借贷。在借贷的名义下可能事实上成为赠予的例子却是有的。此外还有一种方式是国际投资，别国人拿了钱办了工厂，后来被本国人收回来。譬如美国早年的资本是由英国输入的，第一次世界大战时，美国由债务国变成债权国，它把英国人手上的美国债券和股份收买了回来。这次战争中，印度对英国也发生类似的情形。国际投资固然可以使我们在短期中获得工业化发轫期所需的大量资本，而且可以希望从利用这资本的生产盈余去清偿此项债务。但是国际投资，不论是私人的或国家的，必然有政治性的条件，至少投资国家为了要维护它的利益，必然要求受资国家政治的安定，因之这个外来的经济力也必然会成为保守现状的力量。在政治上亟需变动，社会结构正在革命阶段中的国家，只能有政治借款而不易有建设性的经济借款。政治借款的结果可以使这国家丧失主权，实质上沦为殖民地。在中国工业化的过程中，我们固然盼望国际的协助，但是决不能把国际投资作为必须的条件。

所以归根到底，这笔资本还得由自己省出来，那就是说，得在我们现有生产品中划出一部分来，不加以消费，而去换取生产工具，节约消费去创造资本。

·悲观和乐观的两种看法

靠自力更生去创造重建经济基础的资本这道路走得通么？这里发生了两种不同的看法。吴景超先生相当悲观地说："中国因为大多数的人都是贫穷的，所以储蓄的力量很低。根据中国农业实验所的报告，中国的农民，有一半以上是欠债的。这些人不但没有储蓄，而且每年的消费，还超过其收入。他们以借贷的方法来补偿收入的不足，因而使那些有储蓄的人，不能以其储蓄来投资，而是以其储蓄借与他人，满足消费上的需要。在这种情形之下，如要靠我们自己的储蓄，来满足工业化的需要，不知要等到何年何月了。"

吴先生的意思是说中国以现在的生产技术所开发的资源还不够维持全部人口的最低生活水准，所以不易有储蓄。生活水准既已这样低，大部分人民还在饥寒线下，怎么能再挤得出资本来？因之吴先生认为如果要从减少消费中去求资本的形成，不能从每个人节约上想法，饥寒线之下讲节约是残酷的，而只有从减少消费者的数目上去想法。这是我对吴先生那篇文章的了解。

汪馥荪先生代表比较乐观的看法。他在上引一文中说："一个资本贫乏的国家，在它的资本蓄积初期，人民生活之必须压低，是不能避免的，这对于生活程度已经非常低下的人民，是一种极其痛苦的事。然而这并不一定不可能，人类承受痛苦的能力，往往超出人类自己的想象，尤其是这种忍受是在有一种光明的希望作支持的时候。”他接着以抗战时期后方的情形作为人类忍受能力的“有力的见证”。他说：“我们在抗战期中，国家资本的损失，拿战前的币值表示，在战争的前6年就已经达到150万万元，差不多相当我们的全部资本的30%，整个战争期中资本的损失当不止此，可是我们后方的工业生产，在同一时期，期末较期初增加乃至六倍，尤其值得我们注意的，是拆开这个逐年累进的生产指数，我们发现资本物生产的上升率，比起其他个别产品，并不落后。这证明我们在生活水准日趋降低的环境里，依旧发挥蓄积资本的能力；这证明人类蓄积资本的能力，超出了人类本身的想象。”

汪先生既认为人类储蓄能力极大，在任何生活水准上都可以有储蓄，他对于人口问题的看法自然和吴先生不同了。中国的资本和土地都是贫乏的，不贫乏的是劳力，也是人口，我们累积资本的路径其势不能不指望这丰富的劳力了。换一句简单的话说，如果每个人都能有储蓄的话，人口愈多，资本积累得也应当愈快了。

这样说来，悲观和乐观的两种看法的分歧点是在他们对于个人储蓄能力的估计不同。在我看来，储蓄能力是有伸缩性的，但是这伸缩性却系于很多社会条件，在一定条件之下却有它的限度。说中国人民绝难有储蓄未免过分，说在任何情形下都可以有储蓄也是过分。我们还得对这问题加以分析。

·怎么会穷得没有资本的？

首先我们可以问的是中国农民是否所生产的只够他们维持现有生活的消费？吴先生所提到中国农民有一半以上是欠债的固然是事实，但是我们却不应忘记在农民所支出的项目下并不全是消费的。其中包含着地租、捐税和摊派。我并不知道一个在土地上从事生产的中国农民，他所消费的部分占全部支出的百分比。但是我们知道，据吴文晖先生的估计，贫雇农（平均每户7亩）占全部农民的68%。这些农户或是全部或是部分的租田经营，依一般估计全部靠卖工或租佃经营的约占全部农民的30%，部分靠租佃经营的占20%。所以有一半的农民在支出中有付出地租的一个项目，或承受极低的工资，实际上将大部生产结果贡献给了地主，另一方面有土地而不自耕种的地主们却拥有全部耕地的26%，再加上雇工经营土地的富农的27%，我们可以说近一半的耕地是由贫雇农去耕种的。这一大片土地的生产中至少有一半并不进入生产者的消费中。这样说我们可以有一个约略的估计，就是中国土地上至少有四分之一的收获在地租项目及类似的剥削制度下脱离了生产者的掌握。结果使一半的农民不够靠所剩余的一部分来维持生活，不能不借贷过活。其实他们所借来的原本是他们劳动力所生产的，只是因为分配给了地主所以不能不说是借贷了。我并不知道究竟地租中有多少在借贷名义中重返农民手上作为消费之用。但是我们可以断定的是决不能是全部，所以我们也可以断定说，就目前而论中国农民并没有全部把他们所生产的消费掉，而是有一笔可观的剩余，这笔剩余在现在的土地制度中送入了地主手上。如果中国一半以上的农民已经在饥寒线下，这地位是人造的，并不完全是自然的结果。因之，我们可以相信，如果财富不外流，乡村中还有相当积聚资本的能力。

我在《黎民不饥不寒的小康水准》一文中曾给中国的乡土经济一个简单的素描。农民从土地里得来的收入决没有能力维持这样高的地租，这就是说，这一片土地并不能单独养活地主和佃户两重人物。以往地主能从佃户身上吸收这样高的地租是因为佃户们在耕种之外另有收入，收入的来源是传统的手工业。手工业崩溃，而地租不减，结果使佃户们无法生存，造成日见严重的土地问题。贫穷的深刻化是出于乡土生产力降低，而剥削加重（土地权外流，由地租项下输出增加，捐税摊派的日增不已）双方并行的结果。这种情形如果让它继续下去，自然谈不到资本累积的问题。所以资本的形成不能不从取消那种向乡土吸血的作用入手。我在本节里所要提出来的是如果乡土能保持它的财富，原来用来供养寄生性的地主阶层的一部分，减去从高利贷中重又借贷回乡的数目，有累积成资本的可能。中国之所以穷到资本都积聚不起来，其中一个重要的原因是有着一个寄生的阶层，每年要吸去乡土生产力的四分之一。我很赞成吴景超先生减低消费者数目的说法，但是我们如果要从事减少消费者数目入手来解决中国经济问题，最先应当淘汰的自是消费最多，生产最少的分子，以以往及现有的情形说，就是这占人口十分之一的地主阶层。

·乡土还是我们复兴的基地

汪先生所说“人类承受痛苦的能力，往往超出人类自己的想象”，自有他大体上的正确性，但是“人类自己的想象”本是一句有伸缩性的话，所以很难从这里看到人类积聚资本的能力的限度。汪先生在他“有力的见证”里提到我们在抗战时代，后方曾在极艰苦的生活中，6年里增加了6倍左右的资本物。这自是值得骄傲的成绩。但是我们也不能把这成绩完全归功于人类承受痛苦的能力。我不知道汪先生曾否考虑到抗战时沿海资本的内移和国际的协助，如果后方没有机会承受初期从别处运入的资本，是否能有此成绩，还是值得怀疑的。这怀疑并不是想否定人类积聚资本的心理要素，也就是汪先生所说“尤其是这种忍受是在有一种光明的希望作支持的时候”。

汪先生用抗战时代我们中国人民所表现积聚资本的能力来说明心理因素的重要是极适合的。因为抗战是一个家喻户晓的生存争斗。每个人考虑到生和死，主人和奴隶的选择。在忍痛还是死亡的比较，个人受罪还是子子孙孙被奴属的比较中，一个普通人是不会有太多的犹豫。我们知道人类有“甚于生”的价值足以使人为此视死如归。但是这种局面是非常的，而且这种非常局面能维持得多久也值得考虑。每一个人固然都可以成为英雄来，但是以英雄期望于每个人是不现实的。

在一个常态的、平时的、长期的现实里，我们要希望一个人能承受的痛苦必须有一限度，那就是生存和康健。生存和康健不但是事实的需要，也是一个社会应当做到的最低水准。我说这是事实的需要，因为生存和健康是维持生产劳动的必需条件。我说这是应当承认的水准，因为我认为除了自卫之外社会没有理由要求一个公民为了别人作没有报酬的牺牲他的康健和生存。

我这样说也就包含着我们今后经济复兴的根本纲领，那就是：保证每个人能得到不饥不寒的水准，同时也要保证在这水准上的剩余能储蓄起来有效地积聚和利用成为资本。这两个纲领其实是相成的。因为在饥寒的人民中累积的资本塔尖是不稳定的。除了在战时（不是内战），一个不足以维持不饥不寒的生活的生产者不但在体力上支持不住他的生产工作，而且在心理上找不到工作的意义。“光明的希望”不能是一句口号，更不能是一个骗局。“光明的希望”之所以有光明必须在希望者有兑现的信念。

一方面要维持不饥不寒的小康水准，一方面又要积聚资本，我们有此能力么？如果保持我们原有的分配方式，我想吴景超先生的悲观论是有根据的，真是“不知要等到哪年哪月了”。这里我要回到我的乡土复员论了。我在前面已提出乡土财富不应再任其外流的主张，地主放弃土地权，使经常在乡村里无偿输出至少值农产四分之一的财富保留在乡村里。其中一部分补足他们本来要乞贷的数目，假定有一半的农民不能有剩余，我们还可以希望有八分之一的农家收入可能在不饥不寒的水准之上储蓄成为资本。

汪先生曾规定一个较低的目标就是增加现有资本的一倍，约值87亿美元。以中国每人每年平均收入3英镑或12美元计算，4亿农民中有2亿可以有四分之一的剩余，需要14年，但是如果这资本每年能加以有效的利用，还可以复利计算，缩短到10年左右。这是极约略的估计，不过表示汪先生所谓“应该不太难筹”的实质棱角罢了。

如果我们接受这个估计，我们可以说，即在平时，没有战争的刺激，中国乡村里现有的生产力也有累积资本的能力，假如我们能使乡土财富不致无偿地外流。换一句话说，中国土地问题解决之后，我们的乡土还是一个创造复兴能力的基地。

但是问题还是在怎样使乡土里生产者能在小康水准上把剩余节约下来作为生产的资本？这里我们还得讨论到心理的因素和社会的结构。关于这些，我将在下篇申论。

节约储蓄的保证

我在上篇里提出一种看法：如果我们能解决现有的土地问题，使占农业人口一半以上的贫雇农不必在租佃及雇佣方式中把农业生产总数四分之一供养这占人口10%的地主和富农，他们从他们生产劳力结果中获得了不饥不寒的小康生活后，还应当有一部分的剩余可以作为重建乡土的资本。

这里我应当提到一种和我不同的看法。这种看法认为现有的土地制度是有助于积聚资本，如果像我所说的把地主取消了，耕者有其田，土地的生产结果平均分配之后，在积聚资本上说，恐怕更难有希望了。换一句话说，如果我们承认中国经济重建的资本还得靠自己，我们的工业还得依赖农业的津贴和支持，如果我们也承认在乡土经济里还有储蓄的潜力，问题是：在积聚资本上说，维持现有土地制度为有效呢？还是改革现有土地制度为有效？在利用资本上说，由地主去投资为有效呢？由农业生产者自己去投资为有效？还是由政府去投资为有效？谁掌握这资本对于中国重建为最有效，对于中国人民生活改善的保障最大？我在本文将就这些问题申论一下。

·沙土上的金字塔

上述两种看法差别的关键是在对生产和分配相关性的认识不同。后一种看法认为分配不过是把已有的生产结果加以配别到各种生产要素上去，如果生产结果本来很贫乏，分来分去多不出什么来，还是贫乏。非但如此，如果一旦平均分配了，贫乏的程度固然可以拉平一些，但是连一个比较富裕的人都没有了。在公平原则上讲固然是“要穷大家穷”，但是在资本积累上说，这样一拉平，连仅有的一点积聚资本的能力都丧失了。贫穷也一直将贫穷下去。再进一步说，中国原来已经够贫乏了，要在贫乏的水准上积聚资本不能不压低人民生活程度，压低的结果是非常痛苦的，所以不能不出于强制。中国过去和现在许多地方的土地制度，地主征收了生产过半的地租，固然使农民生活很苦，但却是中国略具规模的一些工商业资本的来源。如果土地平均分配，耕者有其地，各个生产者把他所生产的都消费了，不是会影响到整个中国经济的资本积聚力了么？

我在上篇也承认中国自力更生的重建资本大概离不了依旧向这片已经育养了这民族几千年的土地的想法。我和上述的意见不同的是在我认为传统向土地积聚资本的方式效率太低，而且甚至可以说没有效果的。在传统的不平均分配方式中生活的农民固然被强迫减低了消费量，使他们生产的剩余增加了，但是集中到少数地主手里的财富却并不一定用在再生产的过程里，不一定成为资本。其中必然有一大部分被消耗于维持这一部分不事生产者的消费，而且是奢侈的消费。另一方面，农民生活水准降低到一个程度将无法维持生活，生活是必须维持的，于是不得不乞求于高利贷之门。这些放高利贷的却常常就是从地租里吸收财富的地主，他们经过了一道手续，又把积聚的一部分财富，送回去给农民去消费了。这一道手续却很严重。一个跌入高利贷手上的农民，很难翻身，中农变成贫农，贫农变成雇农，在农业梯阶上，一直跌下去，丧失他们生产的机会。在这机构中一般农民的生活程度往下跌，消费量逐渐减少，农家的经济不得不走上高度自给的路上。地主们即使有把他们奢侈消费后所剩余的财富用在生产事业中成为资本，生产品也流不回乡村，因为生活程度日落的农民没有购买力，所以这些资本只能促进地主阶层的挥霍。这一个现象在我们传统经济中看得很清楚。以往城镇里手艺品在品质上的成就很高，但是在数量上却被市场所限制；日用品的制造并没有机会发展成大工业。

少数艺术珍品的手工业并不能吸收大量资本。在土地制度中流入地主手上的财富，经过他们消费之后所留下的，既不能吸收到工商业里去，不是窖藏起来，又得下乡去收买土地。土地权更集中，乡村无偿输出的数量也更多，乡土萧条得更快，形成一个恶性循环。

如果土地是吸不完的财源，如果农业生产者是不知饥寒的机械，上述的恶性循环可能一直维持下去。但是事实上土地是会损蚀贫乏的，生产者忍受饥寒的能力也是有限的，他们在受着报酬递减率控制下的土地上，辛苦工作的结果，所得到的除了痛苦之外别无其他时，他们会为了生活，揭竿而起。农业生产停顿还不够，这一股求生的力量溃决进入地主们用了城墙所保卫住的为他们制造奢侈品的城镇时，连他们所积聚的资本也会破坏无余。这里才暴露出用不平均分配的土地制度所形成的积聚资本机构内在的矛盾，不但效率低，而且会毫无结果的，成了一座沙土上的金字塔，最后终于没入沙土。

·对以政治力量强迫储蓄的过虑

我在上节里的说法基本的根据有二：一是把乡土经济里的剩余交给地主是靠不住的，靠不住的意思是其中有大部分会被消耗掉，即使有小部分用来作生产资本，贫乏的乡土不易沾这种工业的光。二是农民忍受痛苦的能力在看不到“光明的希望”的情形下是有限度的。限度一到，他们会反抗，不但破坏了那积聚财富的土地制度，连利用这财富所变成的资本也可能一把火烧光。这些话事实上已不是理论而是我们当前的经验，问题是我们能不能在这经验里获得教训。

我同意于汪馥荪先生，在一个资本贫乏的国家，在资本积蓄初期，人民必须准备承受痛苦。我不能和汪先生同意的是人民承受痛苦的能力是无限的。我在上篇说到过这生物性的限度，就是不饥不寒的小康水准。这个限度是无论什么经济计划所不应忽视的。当我在这乡土复员论中提出这标准后，曾有不少讥笑我这种见解的，认为我是保守、落伍，甚至反动。我实在不明白讥笑我的人的根据是什么，除了这几个字看上去不够“进步”，其实我提出这标准来有两层意思，一是这应当是每个人民的权利，任何政权必须保障这最低的限度，在这限度之下生活的人有一切理由要求生活的改善。二是这也应当是每个人民在这一两代中认为满意和正当的水准，超过这水准的生活是对国民经济的危害，因为在这一两代中，中国最基本的工作是创造现代化的经济基础，这基础需要大量资本，这资本要由每个人节约聚积而成。在不饥不寒的水准之下要求人民节约是对不起人民，在不饥不寒的水准之上生活是对不起国家。

假定我们能做到了我在上篇所说的情形，现存的土地问题解决了，农村中的财富平均分配了，在提高他们生活水准到不饥不寒的程度是可以做得到，但是怎样能使他们达到了这水准就开始节约，把所剩余的投资到生产事业里去呢？我们得承认人基本上是自私的，在达到了不饥不寒的水准之后，他们的欲望并不会就满足的，达到了这水准还有余力时，自然有一个趋势就是要增加享受。增加享受本来是不错的，但是为了长期打算，我们要征服贫穷，只能把当前的享受延迟下去。怎样使人能延迟他们的享受呢？其实只有两条路，一是强迫，一是自愿。

强迫储蓄原则上本来没有什么可以反对。譬如现在的英国征收高度的累积所得税，正是以政治权力强迫储蓄的好例子。换一句话说，以政府代替地主来把握这一笔从乡土经济中得到的剩余。政府可以用财政政策保护收入较低的农民，而把小康水准上的收入征归国库，然后依政府的计划发展工业。这本是极合理想的路径，不但资本积聚得快而且利用资本的效率也较高。值得我们考虑的是中国的情形是否有实行这种路径的客观环境。

把这个权力交给政府必须先保证这政府不会滥用这个权力，而且不会比地主们更腐化。能做这个保证的不是某某少数人或少数集团的良心，而是人民一般的政治警觉性。我并不是愿意低估我们农民的政治程度，但是比较现实地说，因为曾经有几千年专制政治的传统，一下子就希望他们担负现代国家公民的责任，去监督政府的行为，似乎是不近于事实的。在人民尚没有能力来控制政府的时代，把政府的权力扩大，必然会引诱获得权力的人，滥用他的权力。所以在我看来，如果中国有一天真正走上民主的道路，使一个政府能向人民负责，受人民控制，在早期，还得设法减轻这政府的事务，减弱这政府的权力。减轻事务和减弱权力并不是说社会上的事情停顿，而是说让出很多事务和权力来给各种非政府的，直接由地方人民经营的团体去做，去负责。这个广泛的基层民主才是民主政府不致变质的保证。

我提出这个看法因为我见到用政治力量来强迫储蓄的办法很容易有流弊。目前的情形值得我们时时引以为戒。现在的政府的权力是够大了，它可以用通货膨胀的手段，征集财富，老百姓的所得可以在几天之中打了个对折。但是人民并不能控制政府怎样去利用这笔钱。试问有多少是用到了生产事业里去的呢？就以那些国营工厂来说，究竟有多少可称作合理的投资。一个没有工业经验的国家，一上来就从国营入手是难于胜任的。

我固然相信我们中国总是会有个有效率而且民主的政府，我所希望的是我们得预防这种政府的一再变质，所以觉得不应加重这种政府的权职。

还有一点我们得考虑到的，如果人民看不到他们被政府所征收去的财富所做的事对于他们的利益，政府要强迫他们纳捐，就会发生阻力。中国在经济建设中如果利用政府收税的力量，积蓄了财富，投资于一时不易有生活上见效的重工业里，在相当长的时期中很可能遭遇类似苏联早年所碰着的困难。要广大的农民明了吃不得、穿不着、摸不到、看不见的重工业的重要性是一件极繁重的教育工作，不是轻时易举的。结果，为了要急速地工业化，要很快地得到所需的资本，不能不加强压力，在这情形中，民主的幼苗最易遏制。

一个工业落后的国家，政治程度较低的人民，很可能产生一个强有力的集权政府，用政治力量积聚资本，计划工业，等这经济基础安定之后，再讲从来没有享受的政治自由等一类在生活上比较了饥寒为次要的权利。如果这种国家能有这个机会不能不说是幸运，因为一个人民所不能控制的权力能为人民服务是一件奇迹。奇迹可以有，但不能视作当然，所以为了要保证一个权力不能不向人民服务，还得先由人民控制住这权力，这才是政治上的常轨。为了避免官僚资本和独裁政治的出现，所以我不能不对以政府来强迫人民储蓄，以政府负责经营工业的路线发生戒心。

·效率和储蓄的保证

我愿意偏重于自愿的储蓄。如果中国大多数的农民确已到了深具国家观念的程度，政府的“强迫”也可以成为“自愿”的。我是假定中国老百姓还是把家族看得比国家为重的事实，所以我怀疑以政府权力来推行国家经济不能不出于强迫一路。我想偏重自愿，就得把经济建设的重点放到老百姓认为是自己的家族范围之内。我并不说我们应当如此，我明白家族范围内的经济有着很大的限制，但是要老百姓宁愿忍受一些痛苦，就得就他们能看得到的“光明的希望”设法，他们所看得到的不是绕了大圈才回到自己利益的国家经济，而是比较切近他们的家族的前途。要他们储蓄就得使他们看得到所储蓄的确实增加了他们的收入，这些收入即使再用来投资，还是属于他们自己的。

说到这里，我想可以提出分配对生产的积极作用了。把分配看成处理生产结果的方式是一种静态的看法，忽视了通过心理要素所发生对于生产的影响。动态的看法必须记住生产和消费是人的行为，人的行为是有动机的，也就包括汪先生所谓“光明的希望”。动机决定生产的效率和储蓄的速率。哈佛大学工业研究所曾于第一次世界大战起开始研究工作效率的问题，继续了二十多年，结果认为了解工作的意义是增加效率最基本的条件。所谓工作意义是工作者认为自己的工作是有价值的。什么才是有价值的呢？那就得依这社会的文化来决定。譬如在我们传统文化中“光耀门楣”是一种价值，那是在家族主义之下发生的。又好像美国的“比别人强”是一种价值，那是在竞争社会中发生的。这些价值标准并非一成不变，它是相配于一定的社会形态；在一定的社会形态中，要鼓励一个人做一件事，就得把这件事和这社会的价值标准联系起来。

中国乡土社会中，一直到现在，最有力的动机是“创立家业”。在一个天灾人祸不断的生活中，安全是主要的企求。中国的农民是现实的，不轻易信任人的；他们把安全的基础筑在自己能力所及的家园。他们为了要得到一方比较可靠的土地，可以劳苦终身。经济剩余的微小，又奖励了他们世代间的累积，一个勤俭起家的农户经常是要几代不懈的努力。这被自己祖先血汗所浸透的土地，在他们自有着超出于经济打算的爱护。中国这片贫乏的大地上能有这样多的人，勤俭耕植，甚至已落到了值得利用的边际以下，不能不归功或归罪于这种深入人心的意识。

我们尽管可以客观地指出这种乡土意识有很多方面已不合于现代要求，但是我们不能不承认这是客观存在的事实，而且如果我们想自力更生积聚重建资本，要求广大人民抛弃享受的欲望，勤俭节约，我想我们还得通过这传统的意识，来完成这急迫的任务。

这就是说，把土地给渴望土地的人，把生活中节约下来的财富创立他们自己能支配，能保障他们生活的资本。土地里能吸收的资本是有限的，多余下来的，并不应像以往一般的在土地权的转手上叉麻将，而得开出一条广大的投资领域，那就是我在乡土复员论中一再提出的乡土工业。资本原是生产工具的价值，我们所谓积聚资本，并不是窖藏财富，而是增加生产者所以利用的动力和工具。如果农民不必每年把一半的收获贡献给地主，而可以由自己支配时，他们很容易看到去买一头牛，添一把镰刀比多喝半斤酒、吃二斤肉更为有“光明的希望”。这就是积聚资本的具体过程。由买牛买镰刀进而买织袜机、缝纫机，那就是由农业走上工业的正道。他们对于用自己血汗换来的牛和镰刀、织袜机和缝纫机的爱护必然是热烈的。他们绝不会像滇缅公路上的司机，关了油门下坡，宁愿损坏机器，牺牲旅客安全，而不肯多费几滴自己可以揩油的汽油。他们不会像许多国营工厂里的机器一般可以搁在灰尘里不加利用。那是因为“动机”不同。我们在这种分配方式中保障了工作效率，也保障了资本积聚的速率。

我并不主张我们将停留在这种家族生产之上，但是我觉得这是一个最可靠的起点，也是一个最可靠的基础。从这起点，有了这基础，我们才能通过家族合作的道路去兴办集体的生产事业。譬如各家有了缝纫机，他们就会了解联合批购原料，聘请技师，联合运销的合作社的利益。又譬如各家都有了土地，才会有集合去购买打水机的要求。集体性的生产和经营还得从每个人体悉了它的利益之后才能有基础。集体生产有了基础，乡土经济才能迈进一步。

只有在广大的农民开始有力量储蓄，开始在他们的生产事业中投资，我们才能希望有供给这些生产工具的大工业的兴起。在抗战后期我们从联总等一类机关运来了不少农业的机械，我们也在若干地方开设了制造生产工具的工厂，但是这些东西并没有有效地吸收到农村中去，那是由于计划者本末倒置的结果。一个无力投资的贫乏的乡土连送给他们的工具都使用不上的。这种教训应当使我们认清症结的所在了。

中国并不是贫乏到毫无积聚资本的能力，这能力还是在我们乡土的基层。我们可以自力更生，但是先得爱护和培植这力量，把传统损蚀这力量的土地制度改革了，更从传统勤俭的美德下手，在所得归所有者支配的奖励下，表现出这美德的实际利益。在乡土基层上着手开始积聚资本，充实生产，中国的经济现代化才有着落。这是本文所要说明的主要意见。

对于各家批评的总答复（后记）

这本《乡土重建》继续《乡土中国》，加入《观察》社的“观察丛书”。这两本集子虽则是同时写的，但性质上却属于两个层次。在《乡土中国》里，我想勾出一些中国基层社会结构的原则，接下去应当是更具体地把这结构，从各部分的配搭中，描画出一个棱角。关于这工作，我也在尝试。就是我在《观察》周刊所发表过的从“社会结构看中国”那一套，但是牵涉太广，一时还不能整理出一个样子。这里所做的其实是第三步工作，就是把这传统结构配入当前的处境里去看出我们现在身受的种种问题的症结，然后再提出一些积极性的主张来，希望有助于当前各种问题的解决。现在我把第三步的工作倒过来先做，至少是先发表了，总不免有一点乱了步骤。

其实我所规划给自己所做的工作早就超过我的能力。如果为了我自己打算，最好是等自己的思想长成了，好像树上的果子结得熟透了，再摘下来，给人家尝，不至于生涩难堪。但是我并不想这样做，反而愿意这样生涩涩地拿出来，甚至给人吐弃了也甘心，那是因为我相信，思想这个东西是社会性的，不但得之于社会，而且只有在社会中才能成长，并不能关了门让它坐大。

我承认历史上曾经有过一个时代，文字是少数人用来下酒消遣的，是一种娱乐，这个时代我想是过去了。我承认历史上也有过一个时代，文字是被视作权威的，是载道的，是经典；从文字的玩弄里，像符咒一般，可以获取权力和利益，支配别人，这个时代我想即使还没有完全过去，也快要过去了。我们现在所处的时代，文字不过是人类社会化的一种工具。我所谓社会化就是从交换经验获取共同了解以发生共同行动来达到共同生活的过程。

我们所生活的处境已经不再是孤立的、自足的、有传统可据的乡土社会。现代生活是个众多复杂，脉脉相关，许多人的共同生活。这许多人各自带着他个别的历史，怀着各人的抱负，走入这个没有人可以独善其身的场合。在这场合里，起初每个人，囿于自我的经验，都会觉得自己才是对的、正确的、应当如此的。但是每个人如果都是如此的话，共同生活也就没有了基础。你要强迫别人依着自己认为对的走，别人也在要强迫你依他所认为对的走。如果不能各自走各自的路时，局面也就僵了。这时，要维持共同生活不能不大家说个明白再走。说个明白就是把自己认为对的说出来；各人说出来的不同，于是要问什么使各人看法不同的？各人所根据的经验怎样？每个人的经验决不能是完全的，是否可以互相补充？把各人的经验会合了，是否大家可以求得一个一致的看法？——这是社会化的必经阶段。人多了，不能大家直接用嘴，用话商量，于是用笔用字来代替。文字在这里有了新的用处，它是用来表达一种经验，一种看法，一种意见，不是一种真理，更不是一种教条。

我这样说无非是想交代明白我自己写作的态度。我忠实地记录下我思考的结果，这结果是从我自己的经验和我所听到和读到的许多别人的经验和思想中所思索出来的。我把这结果用文字记录下来，也不过是供给别人思索时的参考。世界在变动，人类的经验，靠了语言的传递和文字的保留，在累积，在丰富。我不是个宗教家敢于承认自己在全知全能的上帝的启示中得到了真理；我不过是个摸象的瞎子，用自己有限的手掌去摸索我所要知道的对象，所不同的是并不敢自以为见了全象而排斥别的瞎子在同一对象上摸索所得的知识，我所希望的是许许多多瞎子所得片面的知识能加得拢来，使我们大家共有的知识能更完全一些，更丰富一些。

在这种态度之下写作出来的论文，在作者并不是说教，在读者也不应求全。目的既在讨论，讨论的参加者只有想在看到别人和自己不同的意见中去求自己看法的修正，互相尊重，互相观摩是必须的精神。

本书里所收集的论文都分别发表过。大概是因为在这些论文中所提到的问题比较和现实生活更接近，所以引起的讨论也比较更多。这自是令人高兴的事。我写这些论文的目的本是在抛砖引玉，在各家踊跃的发表意见中使我得到许多启发。这是我不能不在这里对肯给我指示的朋友表示感谢的。

同时我也不能不承认，在相当多的读者里对于我所写出的意见有若干误会。当读到梁漱溟先生说的“真令人怀疑：究竟写一篇文章所给人的影响，是增加了明白，还是增加了不明白？”我不免深具同感。我也在答复一位朋友的信上说过：“那真是使我不太明白我的文字怎样会这样的传达了和我相反的意见。我甚至想这种误会可能读者应负的责任比作者更多一点。”一个作者看到别人歪曲他的原意是件很苦恼的事。我也承认近年来言论界里确有过分“断章取义”对不起作者的批评，但是再往远处一看，也有令人兴奋之处。因为从这种热烈的讨论，热烈到感情用事，感情用事到攻击私人，我们可以看出近年中国思想界的一个重要现象，一个很好的现象，虽则好的里面不免也夹杂着不应当有的部分。

假如我们分析为什么现在写文章的人常会增加“不明白”的原因，我们可以注意到思想社会化的范围在激速地扩大中。以往那些有关于中国文化、社会、政治、经济的问题只在很小的圈子里讨论，在熟人里辩论。在熟人所组成的小圈子里，经过长期的亲密接触，读阅同样的书籍，有着相类似的经验，所以他们有着一套共同能理解的名词。而且每个圈子有它自己的问题，有它自己的语言，井水不犯河水似的各自说它们自己的话。近10多年来，每个人的生活一天不如一天，最大多数的人都已到了快要无法生活下去的绝境，这时，大家对造成这绝境的各种因素不能不注意，而且大家已深切感觉到这是全国人民的共同问题，于是对于这类问题的讨论也感觉到共同的兴趣和需要。不但注意这些问题人数增加，而且参加讨论的情绪也更热烈。以往在小圈子里讨论的限制被这势力所打破了。在这过程中，许多讨论者之间的观点、假设以及所用名词的意义不免有很大的距离，文字的隔膜因之也特别表现得清楚。

如果在这过程中，我们有尽量发表意见的自由，在思想的交流里，这套文字的隔膜不难克服的。误会固然不免，但是在可以坦白的交换意见中，误会不过是要求更深了解的表示。不幸的是在现有局面中，发表意见的自由并未得到保证。限制这种自由的有政治的和物质的两种条件。政治上我们不能享受言论的自由是大家都知道的事，用不着我在这里多说。我所要指出的是言论的充分自由是民主社会的基本条件，也只有在民主社会中，人民才能真的提高他们对自身生活问题理解的水准，使他们能得到从理智里发挥出来的共同意见，产生负责任的一致行为。

我们现在不但受到因政治原因而发生对自由发表意见的限制，而且同时，物质的环境也剥夺了我们发表和获悉意见的机会。在出版界的现状里，能有机会把自己意见写下，印出，送到读者面前的作者在数量上说实在太少了。就以有此机会的作者说，他们又受到严格的篇幅限制。在一般刊物上所能发表的文章，不过从几百到几千字。作者不容易把他的意见所根据的事实和假设在这有限篇幅中尽量说明。很多误会是从这些限制中发生的。

为了迁就发表的篇幅限制，一个作者不得不把一套相关的意见切成了片段，送到读者面前。间一读者却又并不常能接触着所有的片断，结果不免断章取义。这结果实在不能完全由读者负责。

这一个充满着需要思想交流的时代，碰着这一个发表意见的机会重重受到限制的局面，文字所引起的“不明白”是必然的。我们固然要在各方面努力去解除我们身受的限制，但在限制充分解除前，讨论时参加的人也不能不尽量地体悉和谅解，避免由文字的误会而引起私人的意气。否则由误会增加歧异，讨论也反而会成为思想社会化的障碍了。

因为这个原因我在这后记里对于若干我认为是由于文字隔膜而发生的误会，不愿多提，只想就本文里没有充分说明的若干假设加以申论、补充和修改。

本书的代序是前年年底我在伦敦母校的一篇公开演讲记录。这篇演讲的听众是母校的师生，大都是英国人，因此其中的语气和措辞是以不太了解中国文化的朋友作对象而发的。但是这篇演讲却说明了我对于中国传统文化和当前社会变迁的关系的一个简略、但亦是综合的看法。在我的看法里，文化是推陈出新的，因为文化不过是一种求生的手段。生是目的，“生”而要“求”那是因为生活的维持需要利用物资，物资最终的来源是自然，所以文化是人利用自然时所采取的方法。生活、自然、文化三者都是变数。生活的基础是生物性的，温饱是生物基础给人规定下的生活最低水准，因为饥寒会使人的生命不能维持下去。但是生活却不等于生命，比生命还要多一点，那是因为人有理想，要活得更好，更有价值，在追求更有价值的生活，使人不肯停留在一种生活水准上，因而使“生活”成了一个变数。自然也是变动的，这里不但指地理上的变动，像山变成海，海变成山一类的变动，而且从自然和人的关系上说，也跟着人利用自然的知识而改变。对于印第安人，美洲的油藏并不构成和生活有关的自然部分；但是在汽车和飞机的时代油藏是一种重要的资源了。生活和自然既然都是变数，沟通二者的文化更不能不是变数了。

文化是一种手段，它的价值在它是否能达到求生的目的，所以文化一离开人使用它的处境也就不发生价值问题，自身没有所谓好或是不好。生活的要求和生活的处境既是变动的，一种手段在某一个情景可以是有效的，但这并不保证它在另一情况中一定也有效，所以文化的价值也是常会变的。在一个情景中是好的，在另一个情景却可以是不好的了。皮毛的衣服在寒带有用，在热带没有用，甚至有害。这也是说，文化的批评必须是相对的，必须从一定的情景中去说的。

人类创造文化为的是要增进他们生活的价值，他们并不会以维持文化为目的而牺牲生活的。所以拉长了看，一个对于生活没有用处的文化要素，不论是物质的器物或是社会的制度，甚至信仰的教条，决不能长期保留。一个活着的文化要素因之必然对于利用它的人有他的用处。

问题开始复杂的原因是起于在一起生活的人中间有了利益上的分化。一种文化要素可以对于社会中一部分的人有利益而对于其他部分的人没有利益，甚至有害。有利的要保持它，有害的要取消它，没有利害关系的对之无所谓。保守和改革双方因之发生了争执，这文化要素能否维持就得看双方力的消长。这是政治过程。

文化要素——包括社会制度——的功罪不能脱离它的社会背景而作定论的。譬如说当资本主义初兴起的时期，它解放了被封建社会所遏制的生产力，在这点上讲，它曾把人类的生活提高了一层。而且在资本累积之初，新生产力的利用，使在封建社会中的中产阶层得到了新的权力，使被拉住在土地上的农民得到了新的解放，所以对他们都是有利的，但是对于封建社会中特权阶层却是有害的，因为他们的特权被新的生产力和新的社会势力所取消了。这是就资本主义发展的早期历史而说的。到了资本主义成熟，又发生了新的社会分化。在独占性的企业控制之下，新技术和新组织所带来的更大的生产潜力却又被遏制了。劳动阶层的生活并不能得到可能的提高。这时资本主义对文化的发展却成了阻碍了。因之，我们对于一种文化要素的了解不能离开它的历史背景。

从它的历史背景里去分析它——这是研究文化的科学态度。再换一句话，我们得先了解每一个文化要素在当时社会中各种人生活上发生的作用；客观的叙述比依照另一时期另一社会背景去作感情上的贬褒更能帮助我们对它的了解。

我企图从我们传统的小农经济中去指出各种文化要素怎样配合而发生作用的。这是一种想去了解我们传统文化的企图，这企图并不带着要保守它的意思。相反的，这是一切有效改革所必须根据的知识，文化的改革并不能一切从头做起，也不能在空地上造好了新形式，然后搬进来应用，文化改革是推陈出新。新的得在旧的上边改出来。历史的绵续性确是急求改革的企图的累赘。可是事实上却并不能避免这些拖住文化的旧东西、旧习惯。这些是客观的限制。只有认识限制才能得到自由。认识限制并不等于顺服限制，而是在知己知彼的较量中去克服限制的必需步骤。

文化的改革必须有步骤，有重点。我们身处在生活中充满了问题，传统文化不能答复我们要求的情况中，不免对一切传统无条件地发生了强烈的反感，否定传统的情感。这情感固然是促进社会去改革文化的动力，但是也可以使改革的步骤混乱而阻碍了改革的效力。战争中讲策略，建筑时讲设计，医学里讲诊断，文化的改革同样要用理智去规划。文化的分析是规划改革的根据。

我多年来研究的对象是中国的乡村。乡村只是整个中国社会的一部分，我从这部分的认识中得来的看法自不免亦有所偏。这一点读者必须先知道的。我决不敢说乡村之外的中国是不重要的，更不敢相信乡村可以和其他部分隔绝了去解决它的问题。我只能说在乡村里可以看到中国大部分人民的生活，一切问题都牵连到这些在乡村里住的人民。我也相信目前生活最苦的是住在乡村里的人民，所以对于他们生活的认识应当是讨论中国改造和重建的重要前提。

我研究中国乡村的原因有一大部分是出于我私人做学问的程序。我最早是读人类学的，从人类学里我发觉要去了解人类的生活，最好是先从比较简单的标本下手，所以我第一次实地研究的对象是广西的瑶民。从广西回来，我才着手研究比较复杂的乡村的乡村社区，最先是挑定我所熟悉的家乡。抗战开始后，我在云南工作，于是集中力量去研究内地乡村。从乡村的研究里，我曾想逐渐踏进更复杂的市镇社区。可是因为种种限制，我并没有如愿以偿。我所计划的街集调查并没有实行。一直到现在我还在寻求机会去实地研究一个市镇。至于比市镇更复杂的都会，我还不敢做任何具体的研究计划。

但是我明白如果不了解乡村以外各种性质的社区，很容易像摸象的瞎子把象形容成四根大柱子。所以我在讨论乡土重建问题之前收了两篇有关城乡关系的论文。我更在第二篇中把我对于乡村以外各种社区的性质做一些初步的分析。这种分析在我个人的研究程序上说可能是太早，因为这里所根据的材料大都并非有系统的研究结果，而多偏于个人的印象；但是因为城乡关系这个问题曾引起过许多讨论，在概念上似乎应当加以厘正，以避免各人所用同一的名词指着不同的内容，使讨论无法进行。

我还留着“都会”性社区没有在这书里提出来详论。可是有些主张都市化的朋友常把上海这一类“商埠”和纽约、伦敦等一类“都会”合并在一起不加分别。在有些现象上它们是相同的，但是也有许多方面是不同的。我很愿意在这里，就它们不同的方面补充一说。

纽约、伦敦这类都会可以说是广大的经济区域的神经中枢。它支配着这一个区域里的经济活动。这个中心的繁荣也就代表这区域的繁荣。不同区域间的经济往来是由中枢相联系的，譬如美国内地和英国内地小镇间货物的交易，也是一种分工的表现，并不是直接的，而必须经过纽约和伦敦这类都会。同一区域内经济上的配合也靠这中枢的调排。这中枢的效率愈高，对整个区域的经济也愈有利。这是一个“城乡”相成的都会形式。

上海在这方面却和这些都会不同。它不是一个独立的经济区域的中枢，而是一个被政治条约所开出来的“商埠”。上海式的商埠（treatyport），在它们历史发展上有它们特别的性质。它们是一个经济上处于劣势的区域向外开的一扇门。它们的发展并不像纽约伦敦式的都会一般由于它们所处的区域自身经济发展的结果。它们是由外来势力和一个经济劣势的区域接触时发生的。譬如上海它在没有辟为商埠之前不过是一个小渔村。它在原来的经济区域中处于一个极不重要的地位。但是自从成了一扇门之后，情形却完全改变了。它繁荣了，但是它的繁荣却并不代表它所在区域的繁荣，因为它是优势区域势力伸入劣势区域的一个驻足所。上海式一类商埠曾有很长的时间在政治上被划成特别区域，称作租界，甚至这租界可以是“公共”的；这并非偶然，因为它在经济上并不是中国经济的中枢，中枢像是心脏，必须是机体本身的，而租界性商埠在经济上只是一个缺口，一种漏卮。

我说商埠是一个经济缺口，目的是想指出它基本上和“城”一般是消费的社区。或者有人会质问我商业是两利的，有外货输入自然也有土货输出，否则贸易终于会停顿的。这种说法在纽约和伦敦的关系上是对的，在上海却不尽然。上海的确有东西向外输出，土货输出不足，继之以黄金白银；再不足，把将来的收入都押了出去。但是这些东西都不是上海本身，甚至它所支配区域之内的工业产品，也是以乡村里所出产的工业原料为主。如果上海这种商埠只是内外的沟通者，那也可以成了纽约和伦敦。事实上又不然，它从生产者手上拿来的输出原料运了出去，并不拿相等价值的输入还给生产者。它白拿了东西，和外国做了买卖，得到的洋货却自己消费了。

这种商埠和“城”不同的地方是在前者所消费的并不仰仗自己经济区域里的制造品，而后者的消费品还是在自己区域里制造出来的。商埠的经济作用是以洋货代替土货，在地主之外加上一种买办。“城”的主角是地主，而商埠的主角是买办。洋货固然经过商埠一直侵入到内地的城镇里，但是主要销路还是在商埠本身。由于政治上的特殊地位，给各种在内地住不下或住不舒适的人一个客栈。我说是“客栈”，因为他们是带了钱进去住的。他们的收入来源并不在商埠本身，而是在周围的乡村里。大大小小的麦管插在中国经济基地的乡村，把财富在各式各种的名目中吸收到这种商埠里来。我们只要想工业这样落后的上海能维持这样的人口，它决不可能是自给自足的，它是被供养着的，用了从乡村里的剥削出来的财富，到外国去换了工业品来，在“租界”里消费，这是“商埠”异于“都会”的特性。这是城乡相克的形式。

现代都会是现代化工业的产品，一个没有工业化的区域里不能发生纽约伦敦之类的都会的。商埠都是工业化的区域侵入另一个结构上还维持着封建性的劣势经济区域的过程中所发生的特殊性质的社区。把它看成一个普通的都会就不正确了。

我并不能在这方面多作发挥，因为我已说过，我对于这类社区还没有深切的研究，这里所说的不过是一种提示，也许可以作研究这问题的朋友们的参考。同时我加上这一小段补充，也可以对城乡社区性质分析作初步的结束。

因为我的知识偏重在乡村方面，所以我看一个问题时也不免从这方面入手。《不是崩溃而是瘫痪》是就乡村这方面说的。我在那篇论文中已明白交代清楚在都市里也许不免发生崩溃，而在乡土经济中崩溃却似乎不容易发生，会发生是瘫痪的现象。不但我这样说，而且我也说明了所谓崩溃是好像一部机器因为零件脱落而陷于停顿，是一种有类于机械性的现象；瘫痪是构成一个有机体的各个不太相关的细胞的破坏，它所给全体的影响并不是致命的，而是逐渐的，亏耗性的，有一点相类于生物性的现象。这些都是譬喻，为了比较容易表达我的意思而作的譬喻，都市和乡村的区别并非真是机械和生物的区别，只是有类于这种区别罢了。

我这篇论文是在分析乡土经济瘫痪过程，同时也部分地解释了为什么中国的经济，会在这样逆转的处境中拖得这样久，不发生像现代工业经济里所可能发生的生产停顿式的崩溃。

这篇文章引起了不少并不包含于作者原意中的联想，而且所引起的联想也因读者着眼点不同而相差很远。有些认为这样说法等于是说这种已使人难堪的局面还可以拖下去，所以是在维护既成局面；有些认为这是一种极深的悲观主义，因为瘫痪将延长下去一直到全身的细胞都溃烂才结束。别人在我描写出来的画面前作什么联想是他们的自由，我所希望的只是最好不必因为所联想到的不愉快的事，归罪到描写这画面的人。

有些朋友指出说我所描写的画面并不完全，因为旧的细胞确是在瘫痪，但是新的细胞也不断地在生长，瘫痪不是一个形容全体的确当名字，更确当一些应当是新陈代谢。因为一个大体上是乡土性的中国，单靠神经中枢的改变并不能使这躯体得到新生，必须经过脱胎换骨地一步一步，一个一个细胞的转变，旧的死去，新的发生。如果只看旧的不免充满着悲观，应当看到眼睛里去的是这新陈代谢的过程。

我想这个说法是很可能对的，可是我自己却处于正在逐渐瘫痪的过程中，我所可以描写的、分析的也只是我自己所能经验到的事实，所以偏重于被认为太悲观的画面了。读者大概不应希望我写出我所没有看到的事实。假如中国确是在新陈代谢，关于新生的一面，让看到的人根据事实去分析吧，我极愿做一个这类分析的读者。

我同情于希望能多知道、知道得更完全些的读者们，我自己在阅读别人的作品时也是这样的。但是我也希望读者能就作者所说的话去批评，而不必从“没有说的话”去表示不满。如果能就作者没有说到的部分加以补充，那是最理想的，也就是我在这后记的开始时所说到的希望。如果因为作者有些话没有说而就加以种种有关作者私人用意的猜测，对于增加对问题的认识的一点上是毫无帮助的。

我认为应当鼓励的是每个人根据他自己所看得到的说话，

各人都能这样，则经验可以加得起来，使每个人都能在讨论中增加他的知识。事实上，没有一个人能看得到全局的，重要的是在不要排斥任何现实的材料，把部分的能逐渐综合起来。

《基层行政的僵化》是我想从政治的角度里去认清我们乡土社会的结构的企图。在发表这篇论文之前，我在《观察》周刊开始了那个“从社会结构看中国”的系统，第一篇就是《论绅士》。我挑这个对象入手是因为这是个比较上没有被人注意，而在中国传统结构里相当重要，也相当复杂的部分。这篇《基层行政的僵化》想指出传统绅权解体之后所发生的僵化现象。这篇论文很快地得到了反应，其中有一部分认为我在提倡绅权的恢复，这和我原意不合的，我是主张用另一套的政治机构来代替绅权的，所以在《再论双轨政治》中申论了一番，说明我所希望的是民主的建立；但是为了要说明知识分子下乡服务的重要，所以提到我在英国乡间看到的情形。接着说，如果这些人也能包括在绅士一流人物中，则我确对他们寄托着希望。有些读者对于假设词没有注意，不但断章，甚至断句去念，把假设词取下了，自以为可以用来作为我在提倡绅权的证据了。其实如果肯耐心把全文细读一遍，我很相信可以不致得到这种结论的。

我觉得要了解中国传统的政治结构应当注意四种不同权力间错综复杂的关系。这四种权力是皇权、绅权、帮权和民权。

皇权这名词曾引起过问题，因为“皇”字在历史上可能只可指秦统一之后的中央统治权力。我想指的对象却要包括秦统一以前一直到现在那种不向人民负责的政府权力。在《论师儒》一文中，我用了“皇权”一词来说秦以前这种权力，但曾经朋友指出，“皇权”这名词这样用法是和历史不合的。我曾想用“君权”一词来代替“皇权”。但“君权”一词似乎又带着最高当局个人的权力，并不能包括和他共同执行，甚至分享统治权的许多不同的分子。君和臣是相并立的两词，不宜用“君”字包括“臣”字。用“皇权”一词却可以包括得广一些。

皇权本身是个复杂的结构。譬如说，汉代的皇权中可以分出：皇帝、重臣、皇室、宫廷、外戚、宦官和官僚，官僚中还有文武的分别。这许多部分间有着他们共同的利害，但同时也包含着矛盾，皇权的重心跟着有变动。如果我们根据这一段历史加以分析，也可以找出一个变动的过程，有着可以理解的程序。

提到这些话是要说有时一个概念要找到一个确当的名词去表示它是很困难的。我所要表示的是一个不限定于哪一段历史现象里表现出来的权力形态，而我们所用的那套名词却都带着历史意味的。所以我在没有找到比皇权更好的名词前，只能在这名词之后加上一个括弧，说明这种权力并不是一定指统一的中央权力，凡是根据武力取得和以武力维持的统治权力都可以归在我这里所谓“皇权”的一类里。如果有人能想出比这更确当的名词，我是最先愿意放弃这名词的人。

在上述的四种权力中，在传统社会中，民权是最不发达，不发达到有人认为并不存在。他们认为前三者交横错综地统治着基层的人民，一切决定众人有关事件的权力都集中在统治者手上，人民是一层没有自身组织的被统治者。我的看法稍有不同。我承认民权很不发达，但是在基层上还有着并不由上述三者权力所顾问的领域。这领域我在写这几篇论文时笼统地留给了民权。后来我因为既有朋友提醒了我，我不能不再细细看看这领域里的复杂情形，于是在《乡土中国》里引申出四种不同性质的权力来：横暴权力、同意权力、教化权力和时势权力。民权的意思应当属于同意权力的性质，但是在中国基层的宗族和地方组织中，同意权力的活动极有限，主要的却是教化权力。因之我用民权一词去指上述皇权、绅权、帮权留下的领域并不太确当而且因之发生了疑问。我在这里还不能理出一个更明确的看法来答复这疑问，只愿意用这个例子来说明讨论的重要和用处。我们对于现实的认识就是这样一步一步深入进去的。我愿意和大家一同切磋，交换意见。但是对于有些人因为一两句话不合他们的感情，根本把问题取消的，则觉得是件憾事。

在我那几篇论文中引起最多讨论的是绅权的性质，这是个值得从长商榷的题目。我很想接着本书再编出一本《中国社会结构讨论集》，把各家的讨论收集起来作为深入研究的开端，所以在这里不必多作申论。简单地说，对于绅权的性质有两种看法：一是认为绅权乃是皇权的延长，它是皇权统治人民的一种机构，绅和官是一体。另外一种看法是绅权和皇权来源不同，绅权是社会经济的产物，握有传统的势力，而皇权却是靠武力获得的，建立在武力上，因之皇权和绅权可以发生冲突的。在中国历史上，这两项势力常常发生争执，因之也时有相对的消长。在一个时间，譬如六朝门第制度坚强时，皇权固然可以用武力来夺取，但支配社会标准的势力却握在帝皇所无可奈何的绅权手上；门第制度的破坏可以说是皇权打击绅权的胜利。科举发达，加强了皇权对绅权的控制，皇权的集权性也随之加强。这时，绅权退取消极的守势，利用官僚机构消极地怠工以软禁皇权，自求逃免专制权力的压迫。这一种看法我在《论绅士》一文中曾发表过。

这两种看法可能只是各有偏重，前者偏重于皇权和绅权合作以对付其他势力的现象，后者偏重于皇权和绅权二者的矛盾性。我认为二者都有事实根据，至于哪一方面比较重要，也得看在哪种情况之下来决定。至于把绅权的来源归于皇权，我却并不同意，发生这种印象的是因为在法律上说皇权是全能的，可以高于一切的。其实法律本是皇权所颁布的，从这方面看去，当然看不见其他权力的存在了。我们应当注意不是这些表面的法，而是权力实际的运用，法不过是权力运用中的一个工具。实际上皇权是否全能的呢？这里引起了权力的限制问题，也是我在《再论双轨政治》中所要讨论的主题。

我认为一个毫无限制的统治权力是不可能长久存在的。名义上尽管有绝对的权力，但在实际上却是不能维持的。所以我认为一个政治机构，要能维持，不能只有自上而下的一条轨道。能维持的政权必然是双轨的，就是说在自上而下的轨道外还要有一条自下而上的轨道。有形的双轨政治就是现代的宪法和民主。宪法限制了政治权力，民主加强了自下而上的轨道。在我们传统结构中并没有宪法和民主，有形的双轨并不存在，于是我要问，传统结构有没有自下而上的轨道？这轨道的效率如何？这里我看到绅权的作用。我说绅权有着自下而上的轨道的意味，但并不就是说这是民主的，绅权并不是民权，这点我早已说明过。

绅权既不是一条康庄的自下而上的政治轨道，中国专制的皇权怎么会维持得这样久的呢？于是我又提出“两道防线”的说法，意思是说自上而下的轨道如果不四通八达，轨道上的车子也开不快，自下而上的轨道也可以不一定要浚导开阔了。这两条轨道是相配的。

我所提到的两道防线是“无为政治”和“绅权缓冲”。我所谓无为政治并不是指像现在的英皇一般在宪法上的无能，而是指事实上的无能。这里还得立刻指出，历史上并非没有大有作为、能力强的皇帝，但是有为的结果却在单轨上开快车，促起人民的反抗而终归消灭。这道防线是无形的，所以有时可以是无效的，但是受到历史教训的皇帝，为了要保持自己的统治，却得承认无为是一种自保之道。这道防线和第二道防线是相关的。一个用武力得来的皇位，固然可以用武力防止别人来夺取它，但是却不能凭武力来推行政务。于是发生了一个庞大的官僚机构。皇权固然希望这机构成为自己的爪牙，但是要使爪牙能统治天下，就得给他们足够的武力作支持，而在这一个交通困难、幅员辽阔的天下，有了武力的爪牙，很可能就是要“取而代之”的人物。皇权要自固，武力必须独占。这里发生了皇权自身的一种矛盾，在中国历史上有着不少从这矛盾里闹出来的变动局面。为了要独占武力，又要能统治天下，皇权和绅权妥协了。官僚机构成了两种权力的重叠地带。

皇权和地方权力的绅权妥协，从皇权本身说是受到了事实上的限制。名义上皇权是无限的，但是“天高皇帝远”中间夹着“官僚——绅士”这一层，使人民并不直接和“政治老虎”对着面。

这两道防线是消极性的，而且在一个有为的皇帝面前可以不发生有效的作用。这和用宪法民主一类积极方面去限制皇权不同。

至于有人以为我在提倡绅权，那是他们的“以为”，我觉得大可不必辩白的。我在原文中已屡次说传统机构已经不合当前的情况，我亦曾强调说无为政治是做不通了。虽则我也认为在一个民主政府实现的初期最好不要太集权，太集权可能会使这种政府又变质。但是我承认事实上为了经济复兴需要的强迫，这个政府不能太不管事。这里要取得怎样一个平衡，我自己还没有答案。但是可以说的，政府权能的增加必须在人民控制得住的范围之内。如果要加强政府权能，必须先加强民主的机构，那也就是说，政治双轨同时加强。集权的中央必须是向人民负责，而且要直接负责。那是说行使政权的职位必须由直接代表人民的组织决定它们的存废去就。

简单地说，我所希望的是：皇权变质而成向人民负责的中央政权，绅权变质而成民选的立法代表，官僚变质而成有效率的文官制度中的公务员，帮权变质而成工商业的公会和职业团体，而把整个政治机构安定在底层的同意权力的基础上——这是我所希望的转变，至于怎样转变得过来，我一时还不能直接加以答复。

在这里可以附带提到的是：在这几篇论文中，帮权这个对象不但没有分析，而且也很少提到它。我自己对这方面的知识实在太少，很希望有朋友能向这方面深入研究，那是要了解中国社会整个结构时所不能少的部分。

从基层乡土着眼去看中国的重建问题，主要的自是：怎样把现代知识输入中国经济中最基本的生产基地乡村里去。输入现代知识必须有人的媒介。知识分子怎样才能下乡是重建乡土的一个基本问题。现在的情形却正是相反，乡土社会中一批一批地把能有机会和现代知识接触的人才送走了，为此我写下了《损蚀冲洗下的乡土》。接着这一篇分析之后，我开始提出“乡土复员论”。

在我看来，乡土重建有一个前提就是要解决土地问题。为了要说明土地问题的严重性，我提出了一种看法：中国的土地制度在传统经济中其实早已伏下了病根。我们的土地已有大部分只能生产仅足维持劳动者生存的报酬，它们已到了利用的边际上，实际已不发生经济地租。这种土地应当是租不出去的，因为如果这土地的收获中交出了一半做地租后，所剩余的不够养活在这土地上的劳动者了。但是在中国乡村里，这类土地却还有人承租，原因是租这种土地来耕种的人并不完全靠土地上的收获来维持生活，而利用农业里多余的劳力从事各种手工业，增加收入。单从土地利用上看是不值得租种，但是在农家经济上说，租了田地来种，多少可以得到一些收入，和其他收入合并了，足以维持生存。从整个乡土经济说，那是手工业津贴了土地制度。

农工混合的乡土经济才能维持住传统土地制度，也维持了地主的收入。我接着指出西洋工业的侵入，打击了手工业，把中国乡村逐渐单纯农业化了，这时，土地不能同时养活地主和佃户的事实暴露了，形成日益严重的土地问题。

我这项分析是同时顾到了引起土地问题的和外来的两方面的因素，但是有些读者不知怎么会看出题外的枝节来，甚至有说我不明白地租的意义，也有说我抹煞历史事实等一类的话。既有这类批评，我只有承认原文中大概有词未达意的地方，所以重复说了一篇。至于断章断句地说我在维护地主利益等一类话，我只有信托公平的读者自己的断决，在这里用不着辩白了。

构成当前土地问题的内外两个因素，是必须加以应付的。一块不能同时养活地主和佃户两重人物的土地上要能续继生产，只有让耕者去享受这土地上的出产，这是唯一的办法；换一句话说是“耕者有其田”。这已是句老话，至于怎样能实现这目的，其实也不出下面几个可能性：地主自动放弃地租。放弃可以是有赔偿的，可以是没有赔偿的；有赔偿的话赔偿的数目决不能影响到耕者的温饱水准，不然也就等于没有放弃地租了。地主如果不自动放弃地租，而事实上，当前的情势已无法维持，则只有走上被迫放弃的道路。放弃的程度可以是一部分的，可以是全部的。要希望地主有远见，在没有受到压力就自动放弃特权是不容易想象的，问题是要用多少压力才能使地主明白非放弃不可了。决定这问题的因素很多，其中一个因素是要看原有靠地租生活是否能在转变到生产事业里去，不一定要和传统土地制度共存亡。我提出地主阶层的子弟转变的问题曾被那些以为我在维护地主利益的批评者发生了误会。我愿意明白地说，我所着眼是地主这个制度，要取消的是制度，不是那批人，人可以转变到别的社会层里去的。要减少改革制度的阻力就得对那些人的生活有个合理的安排，最合理的安排就是使原来不事生产的，现在也加入生产了。

土地问题的解决，可以减少寄生在土地上的一层人物。但是只从这分配上着手，我们并不能希望对生产上有太大的促进作用。要提高乡村里的人的生活程度，还得开源，增加收入，在这里就得应付引起土地问题的外来因素，重建西洋工业所摧残的乡土工业了。

乡土工业这个名词是我在这一个系统的论文中造下的。最初我常用手工业这个名词，譬如在讨论《人性和机器》这本小册里就用了“中国手工业的前途”作为副题。乡土工业在以往确是等于手工业，而我的意思却在希望乡土工业的技术基础由手工而变成机器，因之在名词上引起了许多混淆。有人认为我提倡手工业而反对机器，有人说我“留恋”于过去。为了免除这些混淆我才采用这乡土工业一词。乡土工业可以是手工的，也可以是机器的；可以是家庭性的，也可以是工厂性的。重要的是在这种工业并不隔离于乡村，在原料、劳工、资本等各方面以乡村的来源为主。

我屡次说乡土工业是我们在打算重建中国经济时应当注意的一项。这也说明了我并没有说一切工业都要分散到乡村里去。这是不可能的。任何人都能明白，一个炼钢厂不可能化成乡土工业的。但是许多批评者，我不明白为什么原因，一定要咬定我在设想一个全盘乡土性的经济，这样咬定之后当然很容易加上一个幻想的帽子，而把怎样去推进乡土工业的问题轻轻取消了。

我也并没有认为乡土工业可以单独发展。乡土工业要变质，就得有许多机器，而且在动力上，需要电力的供给。在这里又有人反过来认为中国电气化是个幻想，说是幻想，又可以把变质问题取消了。在我看来乡土工业的转变并不是突然也不一定是彻底的。重要的是在增加乡民的收入，增加一点是一点，愈多愈好，愈快愈好。有多少可用的机器就用多少，有多少可以引入的现代知识就引进去多少。

这里当然还有许多值得研究的问题，那就是在有限的资本下，重工业和乡土工业之间应当维持什么样的比例？重工业的经营应当采取什么方式？我对于这问题的看法，在最后两篇里曾经间接暗示了，如果工业建设的资本得由广大农民节约储蓄出来，最有效的办法是让这些资本直接由积聚者投在他们可以看到的乡土工业里。至于重工业的建设依实际情况说总得由政府去经营，如果政府不能把握住一笔大的资本（不从豪门积聚的财富里征收得来，就得从国际借款上想法），就得慢慢靠人民的节约储蓄。现在这样贫乏的状况里要很快地拥出大笔资本，很难会不遭受反抗的。在我看来，一个要能受人民拥护的政府，经了这多年的战争，必然得先做到与民休息，培养元气的最低标准，那就是说不再增加人民的负担；不但不增加人民的负担，而且得很具体地增加人民的收入，看得到的收入。在这创痛之后即刻强制人民去为国营工业积资本，在政治上看去，是件冒险的政策。所以我倾向于先发展乡土工业的意思，然后用这种工业里所创造出来的资本去发展较大规模的重工业。简单说，我们得从土地里长出乡土工业，在乡土工业长出民族工业。这条路线是比较慢的，但也比较稳的。

在确立乡土工业的过程中，政府有很多事可以做，而且必须做的。现代技术的下乡不能不由政府出来推动。我在上面所提到知识分子下乡的困难，就因为乡村里缺少可以应用现代知识的事业。在种种能应用现代知识的事业中，最基本的是生产事业，而生产事业中最容易有效的是工业。

以往种种乡村建设的尝试，似乎太偏重了文字教育、卫生等一类并不直接增加农家收入的事业。这些事并不是不重要，但是它们是消费性的，没有外力来资助就不易继续。要乡土在自力更新的原则中重建起来，一切新事业本身必须是要经济上算得过来的，所以乡土工业可能是一种最有效的入手处。

我们有理由想到如果乡土工业不过是一种中国工业化的过渡步骤，这个步骤会不会阻碍中国高度工业化的发展。换一句话说，如果我们投了资在不太有效率的乡土工业，而到后来这些工业还是要被大规模工业所代替的话，这笔资本不是投得冤枉了吗？我觉得事实上虽则有此可能，但是并不会太严重的。第一是在许多轻工业大规模生产的利益并不一定是显著的，而且乡土工业并不限于家庭工业，有许多乡土工业，开头就可以用村子或区域作设计的单位。每种工业有它适中的规模，需要我们研究和试验。第二乡土工业本身是可以演进的，投资的数量既然小，设备的利用在较短期间就可以出本，所以改良和扩大并不会招致过甚的损失——我在这里只能就原则上做些提示，事实上非在实际情况中不能答复这类问题。

如果说我这种想法是幻想，倒不如说我这种想法太迁就了事实。所以我在社会学年会讨论这问题的开始曾这样说："如果原子能征服了月球，吴景超先生和我一同去设计一个建设月球的方案，我相信我们不会有什么不同的意见的。每个人所想象的天堂离不了树上长满葡萄，河里淌着牛乳那一套。可是我们现在要应付的是吴先生描写在《劫后灾黎》一书里的中国。"

话又说回来，我这本《乡土重建》能完全不成为一个幻想吗？我不敢说，因为现实告诉我们，我们讲“重建”还太早，洪流正在冲洗，《劫后灾黎》的“后”字还用得不太切当，乡土要重建必须有一个前提，那就是有一个为人民服务的政府。这个前提如果不存在，这一套讨论重建问题的话也都不发生直接意思了。我这套话也可以说都是白说的。但是我也不能想象中国永远能这样下去，有一天重建乡土的前提存在了，我这里所提出的问题还是要我们细细研究的。所以我觉得这套意见还是有用的。也许早一些把这些问题着手研究，到重建的时候到来时，不致完全靠一时的冲动去应付，而遭受许多不必要的损失。而且，像我这样的书生，除了这种工作之外，还能有多少为国家服务的机会呢？为了这个原因，我还是写下了这许多字，而且还要把它印成小书，贡献给读者作思考时的参考。

最后，我得感谢王芸生先生，他鼓励我把这套意见写出来，更给我机会在《大公报》上陆续发表，而且还允许我把这些已发表过的论文编成此书，在《观察》社出版。其中有一篇《论城·市·镇》曾在《中国建设》发表过，在此也附带向编者道谢。

我本来的计划是把各家对这套论文的批评一起编入，成为一本讨论集。为此我曾经分别得到了许多原作者的同意。但是编就一看，分量太重，在印刷和出版的条件下，不能不放弃这计划。让我对许多曾经给我指教，又允许我重印他们批评的朋友们表示我的感激。

1948年6月19日于清华胜因院

出版后记

本套丛书原定名为“费孝通文存”，后经细致斟酌改为“费孝通经典作品集”，我们认为后者更能反映这套丛书的内容和价值。丛书共包含《乡土中国》《江村经济》《乡土重建》《生育制度》《社会调查自白》《重访英伦》《美国与美国人》《杂写集》八种，其中《杂写集》又分为甲、乙、丙、丁、戊五册。

费孝通先生是我国著名的社会学家、人类学家和民族学家，他一生从事学术研究，从实求知，以自己的学术理论推动社会的进步和发展，终生致力于富民强国，为后人留下了七百余万字的作品。其作品无论是在学术领域，还是在大众阅读层面，都具有极高价值，这也是费孝通作品屡次再版且长销不衰的重要原因。

此次再版，我们主要以费老生前亲自校订稿为底本进行编辑工作，其权威性和可靠性颇高，基本反映了费孝通作品的完整面貌。在此基础上，我们也参照三联书店、商务印书馆等其他版本的相关作品，对可能存疑处进行交叉核校，尽力减少新版中的讹误，以使读者能够更准确地理解费孝通作品的内容和思想。

费孝通生于1910年，逝世于2005年，其作品尤其是早期作品中一些字词的用法，与今天现行的语言文字规范和大众阅读习惯有所出入，因此，在不改变原文语意及语言风格的前提下，我们按照今天的出版规范进行了谨小慎微的恰当修改，比如“身分”统一改为了“身份”等；还有一些国外的人名、地名译法，为方便读者理解，也一并在编辑过程中按现行通用译法进行了替换，比如“阿比西尼亚”改为“埃塞俄比亚”，诸如此类。以上提及的所有修改都以保留费孝通原著的语言风格和精神内核为原则，在此基础上尽量使这套经典作品更贴近当代读者。

图书在版编目（CIP）数据

乡土重建/ 费孝通著. —长沙：湖南人民出版社，2022.6
ISBN 978-7-5561-2906-5

I. ①乡…　II. ①费…　III. ①农村社会学—研究 —中国—民国　IV. ①C912.82

中国版本图书馆CIP数据核字（2022）第039269号

乡土重建
XIANGTU CHONGJIAN

领读文化传媒
LINGDU Culture & Media

著　　者：费孝通
选题策划：领读文化
产品经理：领读-张睿宸
责任编辑：陈　实　田　野
责任校对：夏丽芬
装帧设计：卿　松[八月之光]

出版发行：湖南人民出版社有限责任公司 [http://www.hnppp.com]
地　　址：长沙市营盘东路3号　　邮编：410005　　电话：0731-82683313

印　　刷：长沙超峰印刷有限公司
版　　次：2022年6月第1版　　印　　次：2022年6月第1次印刷
开　　本：880 mm × 1230 mm　1/32　　印　　张：7.5
字　　数：133千字
书　　号：ISBN 978-7-5561-2906-5
定　　价：49.00元

营销电话：0731-82683348（如发现印装质量问题请与出版社调换）